跨界学习

教师专业发展的新境界

何莉　张怡——主编

CROSS-
BOUNDARY
LEARNING

A NEW REALM OF
TEACHERS' PROFESSIONAL
DEVELOPMENT

上海市教育科学研究一般项目
"推进教师跨界学习的实践研究"(项目编号 C160080)

编委(按拼音首字母排序)

丁　悦　李莹莹　秦　青　吴　丹　吴　骏　王春燕
张芳芳　周　燕

目录 CONTENTS

序 从"有界"到"跨界":教师专业发展的新境界 / 001

第一部分 跨界学习的基本认识 / 002

1. 为什么要开展教师的跨界学习? / 002
   1.1 教育变革的时代:教师跨界学习的必然性 / 002
   1.2 "互联网+"时代:教师跨界学习的可能性 / 004
   1.3 跨界学习:指向教师的在职学习 / 006
   1.4 跨界学习:指向教师的专业发展 / 008

2. 什么是教师的跨界学习? / 009
   2.1 跨界学习的基本含义 / 009
   2.2 跨界学习的主要特征 / 011

3. 如何开展教师的跨界学习? / 013
   3.1 教师跨界学习核心理念及目标 / 013
   3.2 跨界学习设计的四个主要环节 / 017
   3.3 跨界学习实施的四个核心要点 / 022

3.4 跨界学习转化的三个关键策略 / 025

4. 教师的跨界学习还需研究什么？/ 029

第二部分　跨界学习的领导变革 / 031

1. 共创愿景：在改变的时代改变自己 / 034
1.1　以愿景引领团队变革 / 034
1.2　构建组织的共同愿景 / 035
1.3　跨界学习的共同愿景 / 038

2. 变革组织：突破教师学习转型之困 / 040
2.1　打破"组织僵化"，实现"去中心化" / 040
2.2　打破"组织边界"，创造弹性空间 / 043
2.3　克服"组织惯性"，糅合非正式学习 / 044

3. 赋权增能：从激活个体到激活组织 / 046
3.1　引爆教师个体专业能量 / 046
3.2　激励组织创造共享价值 / 047
3.3　评价杠杆撬动学习热情 / 049

4. 激活文化：获取可持续成长的秘诀 / 050
4.1　发动机文化：激活组织的强力引擎 / 050
4.2　信任与宽容：合作创新的文化土壤 / 051
4.3　共生与众享：跨界生长的文化基因 / 052

第三部分　跨界学习的校本推进 / 056

1. 顶层规划：跨界学习方案的设计 / 056

1.1　跨界学习方案设计：满足教师的多元需求 / 056
  1.2　戏剧模块课程设计：提升教师的人文素养 / 060
  1.3　思维模块课程设计：提升教师的思维品质 / 069

 2. **组织创新：跨界学习团队的再构 / 076**
  2.1　五大团队：丰富跨界学习的组织形式 / 076
  2.2　四种模式：提升跨界学习的效率品质 / 080

 3. **强基固本：跨界学习素养的提升 / 089**
  3.1　教师跨界读书会：夯实教师跨界学习的文化素养 / 089
  3.2　开设一月一讲坛：开拓教师跨界学习的创新视野 / 099

 4. **课程研发：跨界学习实施的升华 / 104**
  4.1　支持"科学探索"课程的持续研发 / 104
  4.2　支撑"一带一路"课程的持续实施 / 113

第四部分　跨界学习的案例分享 / 132

 案例一：文学与艺术的跨界学习 / 132
 案例二：月亮弯弯的跨界学习 / 146
 案例三：走进场馆的跨界学习 / 159
 案例四：深度融合的跨界学习 / 164
 后记：教师跨界学习的学校样本 / 172

序
从"有界"到"跨界":教师专业发展的新境界

卢湾中学"无边界课程"的开发与实施,探索了一种跨学科学习的课程开发新模式。该模式基于学科又超越学科,促进了中学生跨学科学习能力的提高,取得了不俗的成绩。在 STEM 课程、项目学习、问题解决、研究性学习等课程开发实践的大趋势中,走出了一条整合、融通、渗透和整体优化学科课程的可行道路。在这样的课程创新实践中,就需要有教师专业发展新模式的探索。如今,卢湾中学这本介绍和总结教师跨界学习经验的专著,正是这一实践成果的集中反映。

本书作为教师跨界学习能力提升和组织机制建设的总结,可以说,从一所优质公办学校角度,回应了"互联网+"时代给教师学习带来的新挑战;回应了学生发展核心素养的提出对教师核心胜任力的挑战;回应了中高考改革对教师能力建设提出的新要求;实现了世界课程改革的跨学科趋势下教师学习概念的新突破,也诠释了卢湾中学"无边界课程"实践所需要的最重要的前提即教师跨界学习。

理论价值高,实践操作实是本书的鲜明特点。全书从概念的界定、理论依据、价值定位、实践追求、能力模型、类型、思路以及领导方式变革,全面呈现了卢湾中学跨界学习课题研究的理论和实践成果。从教师发展来看,探索了教师校本研修的新内容,尝试了激发教师发展的新举措,创新了教师学习的新特质,改变了教师发展的思维方式、知识结构、教研文化以及跨学科学习的能力模型建构,产生了支撑"无边界课程"开发实施中全面提升学生创造能力和思维品质的新效应,卢湾学子在学业水平、综合素养以及在各类竞赛舞台上"争金夺银"的辉煌业绩就是明证。其中,推进教师跨界学习的思路即项目引领、内外结合、多元载体、资源开发、模式提炼。对基于跨界学习的领导变革包括营造尊重创意的文化氛围、构建积极的学习共同体、赋予合作以新内涵以及价值引领跨界学习等方面提出了非常有借鉴和推广意义的教师发展学习新路径和新举措。

书中列举大量案例，展示了教师在各种平台上进行跨界学习的过程和收获，呈现出步入专家型教师的成长阶梯和历程，展现了学校课程实践的良性发展，彰显名校风范的制度设计以及利用多元评价引领教师走向学习新境界的行动与实践。该书与先前已出的《无边界课程："互联网＋"时代的变革加速度》一书构成姊妹篇，相得益彰，各显风采，构成了卢湾中学在追寻课程前沿，吸收理论资源，将实践本土转化的丰硕成果。

该书在当前提高学生核心素养，聚焦关键能力，提升办学质量的背景下，无疑，提供了一条以扎实实践为基础，以务实研究为前提，以师生发展为根本，以办出一所好学校为终极旨趣，以有效可行的课程创新为价值指向的实践之路。卢湾中学的教师跨界学习实践，务实、可行、有效，对于克服目前很多学校在进行课程创新中的割裂、加法等问题，具有极大的借鉴意义和推广价值。

卢湾中学的跨界学习，丰富了教师专业发展理论，提供了教师专业发展的新概念，提出了教师组织文化更新的新方向。

复旦大学　徐冬青

上编　跨界学习的理论建构

第一部分　跨界学习的基本认识

1. 为什么要开展教师的跨界学习？

党的十九大报告从师德、专业化发展和尊师重教等方面，对加强教师队伍建设进行了系统部署。2018年新年伊始，中共中央、国务院印发《关于全面深化新时代教师队伍建设改革的意见》，这是指引新时代教师队伍建设的行动指南，是学校凝心聚力推进教师专业发展的集结号。

放眼望去，我们已然置身一个变革的时代。这个伟大的时代助推着世界课程与教学改革呈现三大趋向：整体化、综合化、精品化的发展。不仅如此，"互联网+"时代，技术更新的速度之快、技术应用的范围之广，难以置信也难以预测，而飞速发展的信息化已经给人类社会生产方式、生活方式和学习方式带来了深刻变革。

面对这样变化的时代，教师需要改变自己的学习方式，积极参与跨越边界的学习交流活动，打开教育视野，重塑思维方式，更新知识结构，提升创新能力，方能培养出具有国际竞争力的全面发展的新世纪人才，方能把"努力让每个孩子都能享有公平而有质量的教育"的理念落地生根。可见，跨界学习既不是一蹴而就的"时髦"，也不是无中生有的"新名词"，是伴随着教育变革的发展趋势和互联网学习时代到来应运而生的。

1.1 教育变革的时代：教师跨界学习的必然性

（1）世界课程改革的跨学科趋势

20世纪80年代以来，国际上许多国家的课程改革层出不穷，一浪高过一浪。至今，主要呈现以下四方面的趋势：课程政策的统一化、课程目标日益完善，指向终身学习、课程类型的多元化和课程内容的综合化。其中，最不可置疑的变化趋势是课程改革朝着跨学科方向发展，即打破学科壁垒，把不同学科理论或方法有机地融为一体的研究或教育活动。分科课程强调学科知识的逻辑性和体系性，是学生有效地获取学科系统知识的重要途径。但是，过于强调分科课程容易导致学科与学科之间的割裂，限制学生的视野，使学生的学习与当代社会生活相剥离。生活本身是综合的、多姿多彩的，儿童的发展亦是整体性的，因此，跨学科不论是对于学生还是教师的思维、视野还是知识结构而言无疑都是质的拓宽。维迪努对跨学科综合课程抱有极大的热情，他认为跨学科既有理论上的优点，又有实际上的优点。这些优点已经或将要在实施跨学科方法的教育实践中表现出来。跨学科方法不仅给学校教育计划的研究者和负责人，而且给教育者和师资培训者，都开辟了新的前景。

在跨学科教育中教师是一个关键因素，这样的发展方向促使教师打破专一的学科界限、思维定式和解决问题的单一模式，借鉴其他学科的知识和方法去嫁接、改装专业领域的理论和方法往往可以收到"他山之石，可以攻玉"之效。只有教师具备了跨学科教育素养，才能在教学以及活动中对学生进行跨学科培养，才能够在课堂上展示自己最新的跨学科研究成果，使学生能够接触到跨学科研究的前沿，培养学生的跨学科思维、多元认知能力和宽广的视野。

(2) 学生核心素养的提出

教育变革归根结底还是为了解决"教育要立什么德、树什么人"或者说"教育要培养什么样的人"这一根本问题，2016年，以林崇德教授为代表的专家团队关于中国学生发展核心素养的研究成果正式公布。"核心素养"以培养学生全面发展的能力为核心，是知识、品格、能力和立场态度等方面的综合表现，是学生适应终身发展和社会发展需要的必备品格和关键能力，强调学生素养发展的跨学科性和整合性。核心素养的提出，标志着以知识为中心的学科教学转向以核心素养为核心的学科育人。教师是学生核心素养落实的主要实施者，教师的教育理念和专业知识直接影响培养的效果，教师的师德和教育情怀也在很大程度上左右着学生的个体发展。正如德国教育家第斯多惠曾说，一个人一贫如洗，对别人绝不可能慷慨解囊。凡是不能自我发展、自我培养和自我教育的人，同样也不能发展、培养和教育别人。教师只有先受教育，才能在一定程度上教育别人。因此，在核心素养落实推进的过程中,对教师也提出了新的挑战,这也推动教师打破学科界限,拥有跨界思维,进行跨界学习,能够从不同角度、不同立场、不同出发点来审视教育教学问题,具有对不同学科的综合归纳能力,善于将这些知识和信息加以融合,与其他学科专业联系,汲取其他学科知识经验,拓宽视野,提升专业能力,培养全面发展的人。

(3) 中高考改革趋势

就我国而言,中高考改革牵动千千万万的师生和家长的心。2014年9月4日,国务院发布《关于深化考试招生制度改革的实施意见》,改革的目的在于探索"分类考试、综合评价、多元录取的考试招生模式"。2018年3月22日,上海市教委发布《上海市进一步推进高中阶段学校考试招生制度改革实施意见》,宣布将进行中考改革。本次中考改革的基本原则是:全面考查,注重能力。坚持育人为本,关注学生综合素养和个性特长的培育,丰富学生的学习实践经历,提升学生问题解决能力,进行综合评价,实施多元录取。中高考改革的共同趋势一是改考试科目,重能力提升;二是重综合素质,施多元评价;三是变录取机制,促全面发展。这样的变革是为了改变应试教育下的"唯分数论",建立发展学生兴趣、发掘学生潜能、培养全面发展的人的新格局。这就要求教师打破学科界限,进行跨界思维,跨入多学科领域,提升科研能力,更好地帮助学生进行学科选择和开展研究型课程的指导。

1.2 "互联网+"时代: 教师跨界学习的可能性

"请君莫奏前朝曲,听唱新翻杨柳枝。"当前,很多教师囿于旧有的教学模式和教学方法,在"互联网+"时代背景下不知何去何从。"互联网+"让传统产业更进一步被互联网渗透和改造,使各行各业掀起了一股势不可挡的跨界融合潮流,跨界融合已然成为各行业创新、寻求突破的一种必然趋势,跨界融合也被称为"互联网+"最主要的特征和出路。顺应时代背景和科技的发展,"互联网+"对教育的革命性影响也日渐显现,教育正迎来历史上前所未有的机遇与挑战。在教育领域,互联网可以说无所不能"+",可以"+"德育,可以"+"课程,可以"+"教学,可以"+"管理等等。每一种"+"体现的都是跨界连接,都是原有教育层次和水平的升级,是一次质的飞跃。移动技术是"互联网+教育"的核心技术,这一技术发展的教育融合之路,就是对学校围墙的突围,教育与学习将不再是围墙内的专利,而是走向互动的空间对话。显然,"互联网+教育"已经是教育发展的新模式,我们可以看出,"互联网+"下的教育变革特点体现在如下四个方面:

(1) 学校之变:教育从场所走向空间

有形的学校围墙,不可能再成为制约教育发生的边界。"互联网+教育"将是线上与线下相融合的教育,是现实校园与虚拟空间相渗透的教育,教育的场所意识将会逐渐淡化,教与学互动的空间便是教育发生的现场,而这个现场将与校园的围墙无关,将发生在更大的时空和场域里。

(2) 课堂之变:教育从封闭走向开发

传统的课堂是以教师为中心,构成了一种"课堂场域",强调"教师对课堂的控制,依靠教师的强制权力进行灌输教育,把学生当作知识的容器"。"互联网+"时代的课堂削弱了课堂的"场域",学生在课堂上可以通过多种途径、多种载体获取知识,传统课堂的封闭环境被打破,开始构建一种开放式的课堂,实现信息空间与物理空间的无缝对接,从而能以无所不在、无所不包、无所不能为3个基本特征,在4A条件——任何时间(Anytime)、任何地点(Anywhere)、任何人(Anyone)、任何物(Anything)下实现顺畅通信,进行跨时空学习。

(3) 教学之变:教育从知识走向思维

在线教育的发展打破学校、教师对知识的垄断,打破教与学的时空壁垒。教师要教给学生什么?教师如何教给学生?这一直是萦绕在教育者心头的一个问题。我们都清楚,应该教给学生以"渔",可是在教学实践中,却教给学生以"鱼"。其实二者之间不是非此即彼的关系。"鱼"构成"渔"的基础,教师应在培养学生掌握具体知识的基础上,培养学生学会学习的思维品质,即如何获得知识、如何思考、如何解决问题,尤其是面对鱼龙混杂的海量信息如何选择、如何思辨以及自我管理的能力。

(4) 关系之变:教育从单向走向多维

传统课堂中,教师是知识的代表,教师的一举一动都代表着权威的力量,更多体现着"上对下"的关系。然而"互联网+教育"的发展,将会打破这样的权威结构,比如学生可以利用信息技术进行知识的查询和学习,甚至对教师的授课点产生更多的质疑,这无疑会对教师的知识应变能力形成挑战,如此一来,在课堂上唯教师中心的观点日益式微。但是,教师自身求学与发展的能力和品性积淀则会促使其转变知识权威的角色,进而成为学生终身学习的能力导师和品德楷模,从而实现教师自身权威结构的重组,师生的互动也将从知识的单向传递转化为知识、能力、人格的多维互动。

面对"互联网+"带来的全方位的教育变革,教师需要有效突破空间限制,构建共同学习联盟。互联网为教师的学习提供了更为广阔的学习空间,借助互联网平台,优质教育资源便可以在世界范围内重新配置、整合,并在广泛的范围内共享。一方面,互联网是一个没有围墙的大学,教育无处不在,无时不在,教师可以根据自己的兴趣爱好、专业发展的需要在网上寻找他们所需要的知识产品,随时随地进行学习,丰富自身的知识结构,甚至是进入新的学习领域。另一方面,教师基于跨界思维,通过"互联网+"技术和平台,促进自身所掌握的教学资源的价值延展,与同伴之间实现共享,构建学习同盟,共同提升其学习效益。

此外,教师基于跨界合作,能够有效突破因地域、校际、时间、经费、师资等传统因素导致教育资源不平衡的突出问题,使得基层一线的、边远地区的、薄弱学校的中小学教师也能够与发达地区、优质名校的同行在同一个研修平台共享共建优质资源。

1.3 跨界学习:指向教师的在职学习

跨界学习的内涵比较丰富,在此主要是指一种学习方式,一种以边界资源为学习基础的学习方式。所谓教师学习是教师因其发展的需要,以参与式学习为主的多样化实践方式,既包含正式学习也包含非正式学习,按教师学习阶段可分为职前学习、入职学习和在职学习等,在职学习可以是正式学习或非正式学习。综上,我们认为,跨界学习是教师在职学习的一种学习形式,它以正式或非正式的方式推动教师进行在职学习,但更多地表现为非正式学习方式,这一方式随时随地地发生于教师每日的教育教学实践活动之中,对教师的影响起着不可低估的作用。

(1)有助于破除教师学习的界墙。教师学习界墙产生有诸多复杂原因,进而也导致教师学习内容不断被重新定义,演变成"适应某一所学校某一个学段的学科专业共识",这不能不说是一种遗憾。跨界学习作为一种非正式学习,在跨越"学科界墙""教研界墙""学段界墙""学校界墙"中随时可以发生并发展,进而产生学习行为,塑造一个"自觉主动地改造、建构自我与世界、他人、自身内部的精神世界的过程"。

(2)有助于丰富教师的专业知识。目前,学校已形成了多样的集体学习活动,如集体备课、听评课、公开课、评改试卷、师徒带教等。这些学习活动有助于教师分享教学技巧、备课心得、课堂管理等,在互动对话,促进教师经验传递方面达到共同进步的目标。但纵观这些活动大多局限在教师如何有效地"教"或者如何让学生有效地"学",而对教师自身的"学"却往往缺乏相应的要求。跨界学习则与上述的集体学习活动有所不同,跨界中更多交流分享的是知识,是对一种知识的不同见解、认识,不仅包含课程、教学,还包含生活的学科感悟等,使教师学习的领域不断被拓宽,搭建了丰富的知识共享平台。

(3)有助于激发教师的学习热情。目前,教师学习中有一些不争的事实。教研组、学科组、备课组以及听评课等,虽然在一定程度上促进了教师的学习,但也存在着模式单一、活动机械、交往封闭等问题。学校有计划、有目的组织的教师学习活动,如各种各样的教师培训活动、专家讲座、培训课程等,又往往饱受脱离实践的诟病,极易产生学习的倦怠感。跨界学习因其知识、人员等的跨界,规避上述同质化的学习,让人能更多地领略差异化知识的视觉冲击,让教师保持持续的学习热情,产生内在的学习动力。

(4)有助于提升教师的学习效果。教师学习,从根本上来讲,是一种个人的学习。一个人自身不愿意,总是被动地接受外来的信息,这样的学习终究会停留在表面意义的知识积累,无法产生实质性作用。这也是为什么接受式学习被反复批判的原因之一。跨界的教师学习往往是由自己实践中的问题引发,源于教师解决实践问题过程中的困惑,如课程教材问题、学生学习、心理、道德问题等,而不仅仅是为了系统掌握某个方面的知识并形成完整的体系。这种学习有助于教师反思学科教学过程,总结学科教学经验,把握学科教学方向,并逐步形成学科教学思想和教学风格,有效提升教师的学习效果。

1.4 跨界学习：指向教师的专业发展

跨界学习在此主要是指一种学习活动，一种围绕跨界学习而展开的活动。所谓教师专业发展的核心要义是指以专业结构的丰富和专业素养的提升为发展内容。从一个教师的成长来看，这种发展是从不完善到完善、从不成熟到成熟、从低水平到高水平演进的过程。跨界学习作为一种学习活动，其对教师专业发展的影响主要表现在以下几个方面：促进学习共同体重构，丰富教师的学习资源，提升问题解决能力，形成教师可持续发展路径。

（1）创建专业学习共同体。一般认为，专业学习共同体是指一群具有共同的理想和信念的人形成的一种特定的关系状态，其主要目标是为了更有效、更有意义地学习。跨界学习更有利于突破原有的组织边界，建立更多跨越不同边界的新型专业学习共同体。来自上海市黄浦区卢湾中学的案例表明，学校依据不同的学习任务，建立了多种多样的学习共同体。如"无边界思维坊"，集聚了多学科教师，他们共同探讨学校无边界课程的落实。再如"1＋3＋N"，一个外来的学科专家加上三个学科骨干教师再加上 N 个学科教师，共同探讨学科教学的有效性，增强教师的专业发展能力。

（2）丰富教师的学习资源。跨界专业学习共同体并不是一个同质性的群体，每一位教师都有自己独特的学习经历和教学经验，以及个性化的知识结构、信念体系和思维方式。多样性和差异性本身就是一种重要的学习资源。这不仅有利于教师增加参与实践性学习的机会，拓宽学科教学视野，将学科教学的当下目标与学生发展的长远关怀相结合，选择和确定契合于不同时段的课型，搭建起学科教学的多元性、立体化的课型结构，全面提升学科教学的质量和水平，也有利于开展基于对话的学习，促进教师吸纳学科发展的新成果，更新学科知识结构，自觉地增强自身的学科素养。

（3）解决边界内无法解决的问题。伴随着课程改革的深入，不论是对学校或者是教师都提出了更高的要求。如学校如何高质量、低成本地开设综合实践活动课程，将其教育价值充分发挥，防止课程开发流于形式、课程实施浅尝辄止。再如，初任教师、经验教师和专家教师在教学知识和经验方面存在着水平上的差异，如何通过多种接触通道和互动方式来分享彼此的想法、观点和信念,从而不断丰富教师的知识经验体系等。上述要求或问题都表明,依靠边界内的力量来有效解决,总是心有余而力不足。跨界学习有助于突破我们的视界障碍,形成一种教师之间互惠互利、优势互补的多赢格局,通过不同的边界和不同视界彼此交织,寻找到问题解决的方案,实现伽达默尔所说的"视界融合"。

(4) 形成教师可持续发展路径。跨界学习有另一种视界来认识教师专业发展路径,即用异质化的方式来促进教师的专业成长,其基本的思路是:一是以边界资源构建专业学习共同体;二是依据学习共同体的需求设计课程或活动;三是课程或活动的组织以及实施;四是课程或活动的效果评估。通过上述四个关键环节,形成教师的可持续发展路径,以破解我们目前教师专业发展的瓶颈问题,如学习资源的不足,学习缺乏动力,活动有效性不强,效果不可评估等。

2. 什么是教师的跨界学习?

2.1 跨界学习的基本含义

在学校中,边界无处不在。学科之间的边界,教研之间的边界,学段之间的边界,学校之间的边界。在学校中,边界产生的原因尽管复杂,但也有一些共同的影响因素,如专业化的分工及其追求卓越的精神等。如今,学校已被众多的"界墙"所包围,如"学科界墙"、"教研界墙"、"学段界墙"、"学校界墙"等。

"学科界墙"的存在告知我们:每个学科都由基本概念、基本原理以及基本方法和思想等构成整体框架,包含着学科特定的知识、技能、方法、态度、情感和价值观,拥有着独特的育人价值,所以教师学习的内容直接指向学科,教师专业发展的方向固化在学科视野之中。

"教研界墙"的存在告知我们:不论在学校中,还是在区组织的教研活动中,同一学科教师走到一起,开展一些听课、评课活动,或者针对同一主题各抒己见,共同研究教学内容、教学方法和学习方式,这不仅丰富了教师的视野,还增加了同学科教师之间的教育共识。

"学段界墙"的存在告知我们:同一学段的学生由于年龄相仿,具有共同的心理特征和学习经验,最大限度地发挥了课程的教育意义。教师立足于本学段的学科要求进行教学,各学科逐渐形成了一些相似的教学方式和方法,教师的教学思维也呈现出典型的学段特征。

"学校界墙"的存在告知我们:每所学校都是独一无二的,每所学校的学生都是不同的,教育要发挥效力,就要形成特有的学校育人目标,学校课程的整体设计、建构及实施,就要以学校的学生学习为基础,开展教育教学工作。站在学校边界内思考问题,这无疑都是正确的抉择。

无处不在的界墙,也为教师竖立了"学习界墙"。教师学习不断被重新定义,演变成"适应某一所学校某一个学段的学科专业共识";教师专业化发展也被界墙隔离而窄化,演变成"适应某一所学校某一个学段的学科专业能力"。无处不在的界墙,让我们禁不住去追问:这是我们所追求的教师发展的理想境界吗?教师专业的学习之路究竟在哪里?跨越学习的界墙有无突破之可能?

自从进入20世纪以来,伴随全球化、信息化的进程,跨界的声音催生了许多超出传统学科知识范畴的新知识,并且这种新知识在解决复杂现实问题时显现出相对于传统学科知识的优越性,"知识跨界"成为这个时代一个新的象征,跨界研究、跨界学习也以加速度的方式发展起来。综上,我们可以得出以下几个简要的结论:一是跨界学习是一种以解决真实问题为核心的深度学习方式。二是跨界学习倡导理解本位的知识论和创造取向的方法论。三是跨界学习是运用学科观念与跨界学习观念,不断发展学习者的专业理解力与生活理解力。那么,我们在今天又该如何从学校视角来认识跨界学习呢?

"界"有边界之意,包含一定的范围。"界"也有界限之意,是边界的区分物。边界和边界之间存在着不同的"风景",从资源观的视角来看,这就是边界资源。以往,边界被视为一种消极的存在,阻碍了双方的沟通与学习,但今天更多的理论和实践研究表明,边界往往隐含着丰富的学习资源。所以,跨界学习有两种含义的理解:

第一种是指基于边界资源的一种学习方式。跨界意味着突破原有的最近发展区的边界，进入"陌生"的发展领域，学习内容发生了根本性的逆转，也将导致学习方式的变化。跨界学习的逻辑起点是因为现实问题的存在，并且依靠边界内的自身力量又难以有确定性的问题解决方法；跨界学习的过程不再是被动接受、理解知识，而是对边界隐含的资源的主动消化和吸收，进而达到充分理解"陌生"的知识；跨界学习的结果不仅仅是关注收获了多少知识，而是更加关注知识的转化与应用，在转化与应用中生成问题解决的智慧。因此，跨界学习作为一种学习方式，与传统的接受式学习方式有着本质的差别，它是在问题解决中学习，在学习中解决问题。

第二种是指以跨界学习的方式展开的一种学习活动。这种跨界学习的活动主要存在于学习共同体内。在校内，不同学科教师打破学科边界，组成项目或课题研究组；教师与教研员、专家学者等围绕着问题开展一些活动；在学段之间，两个不同群体的教师共研学段衔接；在学校与学校之间，开展一些集体性活动。在这些互动情境中，教师学习突破了传统意义上的学科边界、学段边界、地理边界，从更广泛的认识来看，也突破了社会文化和知识的边界，形成了不同活动系统的协作、交流、资源流动及其再生。这种围绕跨界学习开展的活动，也得到了一些学习理论的有效支持。近二十年学习理论的研究指出：学习不仅仅是单一领域知识纵向增长的过程，也是横向发展的过程，横向学习发生在不同领域的跨越过程中。如果说纵向维度指向教师对不同教育阶段学科教学内容前后连贯性的理解与把握，那么横向维度则指向教师对某一教育阶段学科教学内容知识之间关系的理解与把握，纵横两个维度共同构成了教师的学科素养，包含学科基础知识与技能、基本思想和方法、基本活动经验以及学科关键能力等，形成丰富的多层次的立体结构。

2.2 跨界学习的主要特征

跨界学习主要是围绕问题而展开的，教师在实践研究、亲身体验、合作分享、理解创生等一系列学习过程中，组织所"经验"的文化内容，获得智慧的发展与社会化的成熟，进而获得一种个性化的学习经验。从跨界学习的主要过程来认识，其主要特征有：研究性、体验性、合作性、创生性。

（1）研究性。跨界学习的内容，主要来自于问题转化的主题（或课题）等。这些问题来自于课程、教育、教学、教研中的各种问题，如学科整合、学段衔接、综合课程、联合教研等，往往具有综合性和实践性的特征。因此，跨界学习是一种综合性学习，是一个多层面、多角度、多方面的研究。同时，跨界学习也是实践性学习，跨界共同体中不同专业的人从自身的专业出发，在解决问题的同时交换知识、方法、思维，在学习的同时提升"跨界人"解决问题的能力。所以，跨界学习的研究属性是其重要特性。

（2）体验性。跨界学习的过程，主要通过学习者亲身经历来认识事物，将学习与探究中所获情绪感受融入自身经验中，并影响原有经验以及形成新的经验。跨界学习的体验表现是多方面的：跨界学习者在问题情境中产生学习的欲望，从而介入以实践为主的活动，用自己的心灵去感悟学习内容，产生一种由外到内的学习的需要；在学习过程中，伴随着个人的情感体验，学习者对问题的认识逐渐深刻，知识碰撞交流也不断形成新的知识组合，学习者的人格逐步获得发展与完善；不论是对学习结果的反思，或者学习过程中的反思，都将促进学习者的批判性思维或者创新性思维的不断发展，从而不断优化学习者的思维方式，促进学习者跨界学习能力的增强。

（3）合作性。跨界学习的组织形式，是个体学习与合作学习的结合，其中合作学习占有重要的地位。由于跨界学习是问题解决的学习，学习者不仅面临着复杂性的问题，更面临着因个人的知识结构的局限而产生的诸多困惑，这是跨界学习共同体产生的内在需求。这种内在需求要求学习共同体之间的分工协作，分工的目的是更好地解决问题，协作的目的是不断贡献集体的智慧。在这里，合作不仅是学习的手段，促进学习高效率的运行，同时也是学习的目的，提高跨界学习者的合作意识以及冲突的解决能力。通过跨界的合作学习和研究，学习者们相互取长补短，一方面达成问题解决方案的共识，另一方面不断突破自身的思维局限，形成新的问题解决思路。

（4）创生性。不论跨界学习采用何种形式，基于什么问题，其最终的结果，都是指向学习者的转化与应用，转化与应用是衡量本次跨界学习成效的一个重要指标，这就是本文所说的创生性。这种创生性的生成并非易事，它是学习者基于对内容的深刻理解，对内容意义的个性化的解读，形成关于特定内容的"自己一套理论"的创造和生成。它不同于简单的概念学习,也不是概念和概念之间的关系解读,而是指向运用一些基本原理或事物内在规律解决问题的水平,这与全球性的跨界活动所倡导的理解本位的知识论和创造取向的方法论是一脉相承的。

3. 如何开展教师的跨界学习?

3.1 教师跨界学习核心理念及目标

跨界学习有三大核心理念:

一是为问题解决而学。教师这一职业角色,无论是教师本身还是社会认识,都被赋予了更高的要求和特殊的职业涵义。其中,教师是否具有问题解决能力已成为衡量一名教师胜任力的指标之一。现有文献表明,问题解决的主要步骤为:确定与问题相关的重要事实和话题;确定需要哪些知识和信息来解决问题;进一步发展与问题不同方面相关的概念和事实;制定与问题和社会科学学科相关的新的学习需求;问题解决与知识的再应用。跨界学习是以问题解决为导向的学习形式,学习者的主要学习环节与以上有相似之处。但跨界学习因其学习组织的跨界、学习内容的跨界,因而也对学习者提出了更高的要求。如学习者要主动质疑、行动学习、分享和反思;学习者要主动整合已有的知识,进入未知领域;学习者要将所面临的真实问题作为学习的起点,也作为学习的内容,在反思分析问题中提出问题解决对策;学习者要将学习成果提炼,形成一种个人的经验性的知识,并在以后的工作实践中转化并应用于指导自身的教育教学活动。

二是为美好生活而学。法国社会学家迪尔凯姆提过,一门科学只有在真正建立起自己的个性并真正独立于其他学科时,才能成为一门真正的科学。因此,一门学科成为独立学科往往经历了以下几个关键环节:人类的活动产生的经验经过积累和消化形成认识;通过抽象化的思考形成知识;知识在运用并验证后进一步发展到科学层面上形成知识体系;处于不断发展和演进的知识体系根据某些共性特征进行划分而成学科。这样的一个过程凝练了一门学科,所以,学科知识往往具有抽象性,脱离生活的现象产生。学科知识如何源于生活并为了生活,这是教师工作必需要解决的问题,因为只有这样才能将学科知识有效传递给学生,学生也才能真正建立起为有用的知识而学的内在动力。杜威曾指出,真正的综合学习必然是建立起学科与生活的内在联系的学习。怀特海也说过,教育只有一门学科,那就是完整表现的生活。仅局限于学科领域内部,割断学科与生活的联系,为了跨界而跨界,必然导致跨界学习的做作和低效。所以,跨界学习的核心理念之一就是为美好生活而学。

三是为专业成长而学。越是跨界的,越是坚守的。跨界的目的不是为了跨界,跨界的目的是为了更好地促进自身的教师专业发展,让学习者对自身专业产生内在兴趣,并深入理解与掌握,由此促进学习者专业理解力的持续发展。教师的成长有哪些表现?经梳理发现主要衡量指标如下:能建构自己的教育理念;能了解教育改革的趋势;能了解学生的发展与学习心理;能了解课程设计原理与发展趋势;能正确掌握教学目标;能精通所教学科的教材;能有效进行教学活动;能活用适当的教学方法;能善用进步的教学媒体促进教学;能充分利用教学资源;能有效进行教学评量;能做好学生辅导工作;能有效经营班级;具有良好的表达与沟通能力;能熟悉并参与学校经营;能从事行动研究;具有良好的教育专业态度;能做好生涯规划。[①] 上述的指标告知我们,教师专业成长内涵具有丰富性,教师只有不断地与时俱进,才能更好以跨界的方式促进自我的发展。

跨界学习的主要目标表现在三个方面:完善教师专业知识,提升综合实践能力,形成优秀思维品质。

(1) 完善教师专业知识。教师作为一项育人的职业,要求其掌握的知识范围非常广泛,如一般通用知识,以学科为主线的专门知识,以课程、教学、评价为主线构成的专业知识,以教研、课题研究为主线的研究性知识等。在各种知识里,以学科为主线的专门知识是学科教学的基础。美国心理学家加德

---

① 吴焕洪.教师专业发展的内涵与指标[J].现代教学,2005.

纳给了一个更为引人深思的注解：倘若一个人不能至少稔熟一门学科，那他注定要任别人摆布。所以，在今天全球化、信息化的时代，每个人至少掌握一门学科，成为一个领域的专家，才能更好地胜任已有的工作。为此，我们一方面倡导以跨界学习的方式深入理解本学科内涵、价值及其知识体系的构成，进而实现教师知识不断更新与升华，另一方面我们也坚决反对打着跨界的旗号，却从事与跨界学习背道而驰的行为，这种背道而驰的表现破坏了原有学科的逻辑力量，破坏学习者学科理解与生活理解的发展需求，由此导致跨界学习的拼盘现象。

(2) 提升综合实践能力。跨界学习所说的综合实践能力主要包括问题解决能力、综合融通能力、团队协作能力等。

问题解决能力。一般认为，问题解决能力就是指面对具体的问题时，主体能够准确地把握事物发生问题的相关因素或各种关联，有效地寻找、挖掘、整合并利用相关资源，提出解决问题的可行方案，并付诸实施，进行调整和改进，从而使问题得到有效解决的能力。基于问题的学习，本质上是跨界的。问题的解决需要整合多学科的知识、技能和态度，它将众多学术领域与所提出的与问题有关的知识融合在一起，全面地认识问题并提出可能的解决方案，从而教会学习者必要的问题解决技能。具体的表现有：一是发现问题的能力；二是能够综合已有的经验，预测解决的方向、方法；三是具有建立假说、计划、观察和实验的能力；四是具有开展观察、实验、考察结果的能力，表现为能够开展观察实验、根据实验资料开展预测，并对此进行思考和讨论，从实验结果找出关联、并赋予意义，进行理论性的考察；五是具有归纳报告、发现的能力，表现为能够清晰明了地归纳报告，能根据需要在别人面前清晰地说出报告。

综合融通能力。综合融通能力是现代社会的必备能力之一。"融"有融会之意，融会是指实践过程中，当面对问题时，能把学到的所有知识有机结合起来，全面缜密地思考并寻求问题的解决方案。"通"有贯通之意，贯通是指能够熟练应用融会的知识和相应技术方法解决问题。跨界学习有助于知识的贯通，在融会中升华。来自上海市黄浦区卢湾中学的实践表明，参与跨界学习的教师的知识综合性及其解决问题能力有着相对强化的趋向，他们带着新异的目光,从截然不同的视角去审视问题,多学科的碰撞与交汇也会生成诸多创造性的设计。

团队协作能力。团队是指一群人朝着一个共同的目标一起工作,团队协作能力则是指一群人(互补的角色)完成共同的任务所需要的能力集合。从现有的文献研究来看,团队协作能力主要包括责任承担的能力、分享能力、领导能力、解决冲突的能力、组织与决策能力等。在团队协作的各种能力中,我们认为解决冲突的能力是其核心和关键。跨界学习作为一种利用边界和边界差异的一种学习方式,冲突从始至终都有可能存在,这种冲突有可能来源于个人与群体内部,个人与群体之间语言体系的差异,也有可能源于对达成目标难以统一一致,或者是认识或感情上的对立等。如来自香港地区的一则案例研究就表明,专家与教师的矛盾存在于三个方面:一是矛盾体现在专家与教师对课例研究的不同认识。二是矛盾体现在共同体的规则上。三是矛盾体现在共同体的具体分工上。对此,我们的认识是冲突并非完全有害,在跨界学习中冲突往往对学习效果有增强的效应,适量的冲突反而能够激发团队的积极变革,激发学习共同体对一种知识、观念产生新的认识,也能促进学习者能重新审视自我,建立一种新的观念。所以,我们的观点是鼓励学习共同体保持一个适当水平的冲突,同时在进行冲突管理时,如面对一些消极的冲突,应根据所面临之不同情境,采取各种解决冲突处理技巧,减少冲突所带来的负面影响,从而进一步提高团队协作的能力。

(3) 形成优秀思维品质。思维是人脑的机能,是人类对于客观世界的能动反映,是在不断地认知和改造过程中产生与发展的。跨界学习除了遵循一般性的思维规律以外,更加关注的是批判性思维和创造性思维。

批判性思维。在跨界学习中,意味着知识、信息、方法的爆发式增长,鱼龙混杂的碎片化的信息充斥在人们的认知视野中,如何将这些信息过滤、筛选、整合并内化,这是批判性思维之所以越来越受重视的原因之一。如果离开了独立的批判性思维,我们就可能迷失自我,被各种信息所困扰,被各种似是而非的解决方案所迷惑。那么,什么是批判性思维?现有的文献表明,它通常是指对所学东西的真实性、精确性、性质与价值进行个人的判断,从而对做什么和相信什么作出合理决策。其主要的活动表现有:抓住中心思想和议题;判断证据的准确性和可靠性;判断推理的质量和逻辑的一致性;察觉出那些已经明说或未加明说的偏见、立场、意图、假设以及观点;从多种角度考察合理性;在更大的背景中检验适用性;评定事物的价值和意义;预测可能的后果等。概括地说,跨界学习的批判性思维要像评论家一样,要有意识地对跨界学习中各种现象进行分析、评判,并用审视的眼光来看待问题及其解决方案。

创造性思维。从现有的文献来看,一般认为创造性思维是指一种超出常理、超越已有的思维定式,从不同的角度、运用不同的观点去分析问题、解决问题的个性心理特征。在跨界学习中,如果离开创造性思维,跨界学习就常常会把一些"专家"的思想、意见、见解、看法,甚至愿望,认定为不容置疑的绝对真理,最后的结果就会形成个人独立意识的缺失或走向个人崇拜。创造性思维在跨界学习中之所以重要,还有另外一个原因:跨界学习的最终目的就是不断转化与应用所学的知识,并学会将这些知识创造性地应用在新的场景中。当然,在这样的一个过程中,作为跨界学习者的创造性思维也不断得到锤炼、优化,在创新与模仿、创造与保守、发展与稳定中保持着创新的火种。

3.2 跨界学习设计的四个主要环节

一次完整的跨界学习主要由三个环节构成:一是跨界学习的设计,包含跨界学习主题选择、目标确立、活动设计和评价设计等要素;二是跨界学习组织实施,包含组建跨界学习团队、完善跨界学习资源、关注跨界学习成效和调整跨界学习方案等要素;三是跨界学习的转化应用,包含自我反思、知识内化和情境应用等要素。上述三个环节环环相扣,跨界学习设计是实施的前提,实施是跨界学习向外学习的过程,转化应用是跨界学习向内学习的过程。跨界学习通过由外向内的学习,完成了教师自身知识的重塑与整合,在此过程中也促进了自身的专业发展。

跨界学习设计是依据跨界学习理念、目标以及学习对象的特点,将跨界学习要素有序安排的一种设想和计划。跨界学习设计具有以下特征:跨界学习设计是把学习原理转化为学习活动的计划;跨界学习设计是实现学习目标的计划性和决策性活动;跨界学习设计是以系统论为指导的设计;跨界学习设计是指向学习者的专业知识、实践能力和思维品质的设计。跨界学习方案的设计通常要回到四个方面的问题：要从"为什么学"入手，确定学习需要和学习目标；根据学习目标，进一步确定通过哪些具体的学习内容，即确定"学什么"；要实现具体的学习目标，使学习者掌握需要的教学内容，应采用什么，即"如何学"；要对学习的效果进行全面的评价，根据评价的结果对以上各环节进行修改，以确保学习者获得成功的学习。跨界学习设计（图 1-1，跨界学习设计的基本模型）的物化成果是跨界学习方案或者是跨界学习课程。一份完整的跨界学习方案应包括以下四个方面内容：跨界学习的主题选择、跨界学习的目标确立、跨界学习的活动设计和跨界学习的评价设计。

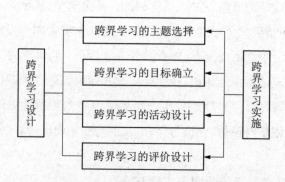

图 1-1 跨界学习设计的基本模型

（1）跨界学习的主题选择

随着科学技术以及社会分工的发展，教育分科也越来越细，跨界学习的内容也越来越宽泛，如何建立一种主题式学习，让学习者在有限的时间内，完成知识的建构、能力的提升以及思维的飞越，这是跨界学习首要考量的问题。所谓主题，本书主要是指跨界学习活动所要学习的主要内容。跨界学习的主题选择的过程，就是确立某一领域或跨领域的学习内容的过程。因此，跨界学习主题的确立是整个跨界学习的核心环节，它保证了整个学习过程目标明确。如何确立跨界学习的主题，下面介绍两种基本方法。

需求导向法。所谓需求导向法是以教师的实际需要来建立学习主题的一种方法。教师接受系统教育，往往是接受诸多分科教育中的一小部分，因此获取的知识大多是片面的，当超越其学科专业时，他们往往面临着知识补充的需要。因此,通过调研教师的实际需求,建立学习主题,是一种行之有效的方法。

问题导向法。所谓问题导向是以教师发展中存在的问题来建立学习主题的一种方法。基本操作步骤为:一是明确教师群体在教育教学中遇到了什么问题;二是找寻解决问题的关键在哪里;三是确定问题涉及哪些相关知识和学科的学习;四是评估已有策略能否通过跨界学习促进问题的解决。通过上述的四个步骤的梳理,明确学习内容,形成跨界学习的主题。

(2) 跨界学习的目标确立

跨界学习目标是指在完成跨界学习之后,教师所应获得专业素养的学习结果。专业素养通常包含三个方面,知识、能力和思维品质。确立跨界学习目标要考虑四个因素:一是教师的学习基础和教师的发展需要;二是教师发展专业素养的进阶程度;三是跨界学习主题与核心内容;四是在实际活动中的可操作性。如何确立跨界学习的目标,下面两种基本方法可供参考。

主题推演法。跨界学习主题的确立,往往意味着学习领域和学习内容的确立,由此可构建出所需要的知识体系,然后顺着知识到能力,再到思维,逐步推演出要达成的跨界学习的三维目标,最后依据推演的结论逐条撰写本次跨界学习活动的目标。

结果逆向法。结果逆向法首要考量的问题是本次跨界学习最终要达成什么成果,为达成这样的成果,需要经过什么过程,过程又最终指向什么目标,通过结果的逆向推演,明确跨界学习的三维目标,最后依据推演的结论逐条撰写本次跨界学习活动的目标。

上述两种方法,各有利弊,前者关注的是学习的起点,后者关注的是学习的终点,在实际操作过程中,通常是将两种方法相互结合,经过跨界学习成员之间的多次讨论,在多方听取意见后,对跨界学习目标进行修订、检验和完善,最终确立跨界学习的目标。

(3) 跨界学习的活动设计

跨界学习的活动设计,是对"如何才能达成跨界学习目标"的回答。跨界学习的活动与传统的接受式教育不同,通常具有以下特征:一是实践性和多样性;二是综合性和开放性;三是逻辑性和群体性。下面介绍几种常用的跨界学习活动方式。

标杆考察。标杆考察其实是一种现场体验式跨界学习模式,通过实地走访标杆学校、学区甚至是大专院校、企事业单位,聆听标杆单位的成功经验,学习标杆地区的优秀做法,对于开阔思路,激发灵感,实现创新具有很大的帮助。

岗位/行业跨界体验。学校虽然是一个相对封闭的单位个体,但其实麻雀虽小五脏俱全,课程研发、教育科研、后勤保障缺一不可。不同岗位的从业人员因工作属性相异容易发生不理解、不信任的情况,产生磨擦。这些不理解往往是由于对工作性质和工作流程,甚至是工作要求和工作强度的不了解造成的。实现学校内部的岗位跨界体验,的确是一个解决矛盾的良好途径,让每一个人都能切实体验不同岗位的工作职责,既能开发教师的工作潜能,又有利于矛盾的理解和沟通,对于学校和谐生态文化建设非常重要。同样,为教师提供不同行业的跨界体验也是一个跨界学习的途径,在体验过程中,教师可以掌握更多的实践技能,以不断丰富教师的社会阅历。

碎片化学习。对于工作繁重的教师群体来说,除去每天正常的课时和批改作业的时间,很少能一群人预留出大段的学习讨论时间,因此碎片化学习方式是教师个体开展跨界学习的有效支撑,在进行碎片化学习的过程中建议采用基于搜索,并带着困惑和问题的方式开展碎片化的学习。在一段时间内,围绕某一个课题或主题,有目的地去拾获这些碎片,而不是乱捡,带着困惑和问题执行碎片化的学习,其结果应该是将这些碎片化的知识连接起来。碎片化的知识好比是树叶,但前提基础是树根、树干和树枝已经在你的思维沃土中扎根,碎片化学习要的是枝繁叶茂,而不是捡几片树叶回来夹在书里面,那样只属于一种情绪化的行为。虽然缺乏互动讨论和深度思考是教师个体碎片化学习的缺点,但其作为教师个人跨界学习的一种补充手段,重在积累,也是具有巨大潜力的一种学习方式。

视频会议。跨界学习的过程可以随时发生,"互联网+"时代的诞生使得传统的教研模式被打破,学习者不再需要在指定的时间、规定的地点聚集在一起,针对某一问题进行研讨。现在的跨界学习,你完全可以坐在星巴克,点上一杯星冰乐,连上免费的 wifi,打开微信多方视频/通话功能,或者打开某视频会议APP,随时随地,以舒适的状态参与其中,真正体验跨界学习带来的乐趣,让学习随时随地地发生。

专家对话。跨界学习往往是一种跨学科,甚至跨行业的交流,要打开思路的一个非常重要的方法就是倾听智者的高论,与行业专家进行对话。邀请的专家可以是:①国外专家:国外专家会带来他国的专业观点,有利于我们学习国外的育人方式,借鉴和吸收开放多元的教育理念,以此对比整合更为完善的教学方法。②行业专家:行业专家看待问题更深刻和高位,可以提供更专业的见解和说明,让学习发生变革为一种深层次的思考和讨论。③学科专家:学科专家更贴近教育本身,对学生、教师和课堂有长期的观察和思考,提出的见解更能结合教育现状,直击教育短板。

本书第三部分第二节中也介绍了一些由卢湾中学自创的一些跨界学习类型,如主题派对式的跨界学习、项目开发式的跨界学习、问题研讨式的跨界学习、游戏体验式的跨界学习等也可供借鉴和参考。

(4) 跨界学习的评价设计

跨界学习的评价,反映的是跨界学习的理念,体现着跨界学习的追求,其基本的价值取向有成果取向、实践取向、合作取向,其主要的评价特点有:评价实施的全程性、评价主体的多元性、评价方法的多样性。在具体操作中,可以采用档案袋评价、成果评价、综合性评价等方式。

档案袋评价。档案袋评价本质上是一种过程性评价,其关注跨界学习过程中,教师发生了哪些质的变化。档案袋材料可以是教师参与跨界学习的时间、次数、内容和行为结果,也可以是收集资料、文章作品、感想感悟,也可以是参与研究的报告、汇报、课例等。上述的材料可以为跨界学习提供完整、真实的记录,可以反映参与跨界学习的过程,为教师跨界学习评价提供充足的证据。

成果评价。成果评价本质是根据最终的跨界学习成果而进行的评价。成果可以是教学课例、课题研究报告、形成的作品,通过最终成果的评价,了解跨界学习的成效,如教师的知识获取、能力的提升以及思维的变化。

综合性评价。所谓综合性评价是将档案袋评价和成果评价相结合的一种评价方式。我们知道,任何一种单一的评价方式都有其优势所在,也有其缺陷存在。如档案袋评价过于关注学习过程,但往往过程管理非常耗时;成果评价过于关注终极成果,往往又忽略了学习过程,所以将上述两种方式结合起来,形成综合性评价,是一个解决上述两种评价技术所存缺陷的比较好的方法。

跨界学习的评价设计采用何种方式评价,是跨界学习方案要综合考量的问题,从实践操作来看,要根据跨界学习的主题、目标以及活动要求规格来定,但不论采用何种方式,都要关注以下三个方面:一是要注意对过程材料的收集,二是要引导教师自我评价与反思,三是要注意评价的激励功能。

3.3 跨界学习实施的四个核心要点

如何才能实现深度的跨界学习,这不仅需要有一个切实可行的跨界学习设计,而且还要精心组织实施,其中涉及四个核心要点,即组建跨界学习团队、完善跨界学习资源、关注跨界学习成效和调整跨界学习方案。见图1-2,跨界学习实施的基本模型。

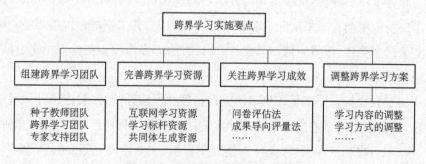

图1-2 跨界学习实施的基本模型

(1) 组建跨界学习团队

所谓团队主要是指一群具有共同的理想和信念的人为了使自己更有效、更有意义地学习而组建的学习共同体。如何组建真正的跨界学习研修团队,使教师的学习扎根于学校教师的工作团队,在团队中、通过团队、为了团队而学习,以达成教师学习的目标,并促使教师真正成为学校变革的动力。来自海科曼的研究认为,一个真正的团队,不是名义上的团队,应具备四个特征:

团队工作任务、清楚的工作界限、明确的职权范围、成员一段时间之内相对稳定。因此，如何组建一支真正的跨界学习团队是组织实施中首要考虑的问题。下面介绍几种常见的跨界学习团队形式：

种子（教师）团队。所谓种子教师是指那些经过挑选的、优秀的、在本校有丰富教学经验并有跨界学习热情的教师。种子教师团队对本校教师而言，能起到示范引领的作用，通过榜样的力量来塑造跨界学习的成功范例；对外而言，能与专家学者沟通，将本校教师的诉求传递给专家学者，以获得更多基于实际需要的学习效应。

跨界学习团队。跨界学习团队是跨界学习的主体，这一主体通常要求有一个明确的方向，一个能够对人产生激励作用的目标，具有激发人的学习热情、促进团队成员参与的潜在作用。跨界学习团队的组建，可以以项目的方式产生，通过完成一个共同的项目，来完成跨界学习的任务，也可以是针对某一问题或主题来构建，在问题解决中让团队成员获得知识与技能。

专家支持团队。一个团队中的专家构成，是跨界学习能否成功的关键。专家辅导的焦点是团队的工作任务、程序与结果，而不是成员的社会交往和人际关系。专家团队的构成要求各专业人员跨越组织边界，由不同背景的资源、规范和价值观整合而成。当不同领域专业人员通过合作重组关系和协调工作，从而丰富和拓展实践经验时，横向专业知识便得到运用和开发。

在此，有必要说明的是，跨界学习团队往往需要比较多的时间投入，才有可能赢得某些收获和获得技能的发展，因此跨界合作团队对于学校变革来说是必须的因素，而作为学校管理团队，有责任培养教师的跨界合作团队，这需要聚焦于绩效，对改善的教师团队合作行为进行引导。

（2）完善跨界学习资源

跨界学习本质上来说，是基于边界资源的一种信息交换。因此，开发跨界学习的资源是跨界学习整个流程中最关键的环节，也是跨界学习在组织实施过程中需要不断完善之处，尽管我们在策划方案阶段已经做了足够的准备工作，但现实的问题困境依然需要我们对此有足够的预案。下面介绍几种常见的学习资源：

互联网学习资源。互联网是跨界学习资源获取的主要目的地，因其时空的自主性，灵活便捷，使教师能够因人而异地选择和体验适合自己的自主跨界学习，这有助于教师获取前沿的资讯。这是互联网有益之处，但事实并非完全如此，更多的资料表明，部分教师往往缺乏对知识的有效判读，检索能力薄弱，互联网实际的利用效率往往处在浮光掠影的短暂记忆，因此，如何突破这一互联网学习的瓶颈现象，是跨界学习组织者要着重解决的问题。

学习标杆资源。跨界学习如何通过标杆资源触类旁通，是缩短跨界学习时间的一个捷径，所以寻找到同类的学习标杆资源，是对跨界学习组织者的一个考验。对此，学校组织者需要具备如下能力：首先对要突破的问题有一个准确的理解，其次是具有对本地区学习资源的整合能力，最后是优化学习方案的能力。

共同体生成资源。各种形式的研讨为教师提供了充分发挥主观能动性、表达自己想法的机会。研讨会的开展形式多样，可以是全体教师会议、跨学科教师会议，或者专题性会议等。这种交流的碰撞，往往有助于教师发出创造和追寻意义的声音，并诞生自己的精彩观点，甚至直指问题，提出各种可能的建议。这种共同体生成的学习资源往往更能帮助每位教师实现专业发展，从而提升跨界学习的质量。

（3）关注跨界学习成效

学习是否有成效，是跨界学习组织者始终应该关注的话题。对此，组织者一方面要协助专家了解跨界学习团队的情况，如实沟通跨界学习中的问题，另一方面要帮助跨界学习团队准备足够的学习材料，督促跨界学习者熟悉学习内容，并对有疑问的地方做出标记，以便带着问题学习，提升学习的效率。下面介绍几种学习成效的评估方法：

问卷评估法。通过编制跨界学习成效的问卷调查与访谈确定跨界学习者在学习上的问题和需求，并对问卷结果进行分析和调查，进而形成对跨界学习成效的评估。

成果导向评量法。成果导向评量主要根据跨界学习预期目标，并采取适当的学习成效测量与方法，收集真正达到学习成效的数据等资料，决定需要采取哪些行动来改进跨界学习活动。学习成效评量包括直接评量和间接评量，并利用多元化的资料收集质化和量化数据，正式、持续的评量以帮助参与跨界学习的团队建立发展档案。评量记录应该以事实为根本，让学习成效来检核评量目标的达成程度，进而检核跨界学习目标的达成程度。

上述两种评估方法，可以相互结合使用。前者的优势是比较便捷，但误差率较大，后者优势是比较准确客观，但比较繁琐。组织者可以根据评估的结论，对跨界学习方案进行修正，以更好地促进跨界学习的实际效果。

(4) 调整跨界学习方案

学习成效的评估为跨界学习方案的调整提供了基本的证据。依据证据进行跨界学习方案的调整是应有之义，具体调整的要素可以是学习目标、学习内容和学习方式等。下面针对学习内容和学习方式的调整做一简要介绍：

学习内容的调整。学习内容的调整通常从以下两个维度去考虑：一是学习内容要体现出教师实践中的真实性，又要求高于实践，站在理论的角度审视内容的有效性，确定能帮助学习者提高解决教育问题能力的关键知识。二是学习内容要考虑学习者的实际接受能力，根据具体情况，加速或放慢学习的脚步，或者加深与减弱学习内容的程度，弹性制定相关的内容。

学习方式的调整。什么样的学习方式最适合跨界学习？这是一个很难回答的问题。但最新的研究表明，教师学习是理解性学习。所谓理解性学习只有在学习者根据已有的知识主动地思考或提出新想法时才有可能发生。基于理解之上的学习，教师才能更有效地理解学科内容的本质、教育学知识与学科之间的有机联系，以及学科、教育学知识和学习者之间的关系。所以在此给出一个基本的判断：学习方式是否是建立在教师理解之上的学习，而不是强制灌输的学习，这是跨界学习方式调整的一个基本考量点。

3.4 跨界学习转化的三个关键策略

跨界学习打破学习边界，基于边界学习资源，实现了向外的学习，向外的学习最终目的是要完成知识的向内转化，实现教师个体的专业发展，完成教师自身知识的重塑与整合。如何才能完成这样的一次华丽转身，经过实践探索，我们认为有三个行之有效的策略：一是在跨界学习过程中注重自我反思；二是在跨界学习过程中不断将知识内化；三是将获取的知识不断应用于新的情境。简而言之，就是自我反思、知识内化和情境应用。见图1-3，跨界学习转化的基本模型。

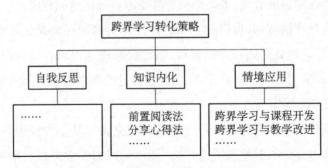

图1-3 跨界学习转化的基本模型

(1) 自我反思

所谓反思是教师对于跨界学习活动进行理性选择的一种思维方式与态度。跨界学习活动，不只是改变教师外在的行为，还必须改变教师内在的意识和思想。在改变的过程中，教师面临着新旧教育理念和方法等一系列的冲突，教师是否能主动地吸收并更新自身的教育理念，鉴别并提取出过去教学活动中积极的方面并加以推广，成为教师发展的关键。为了更有利于观念的融合、转变和提升，教育教学方法的变革和改进，教师反思的作用显得日益突出。

目前的研究表明，一个相对完整的反思主要由以下环节构成：承认教育困境的存在；在确认该情境的独特性以及与其他情境的相似性的基础上，对这种困境作出回答；对这种教学困境进行建构和重建；采用不同的方法进行尝试，以发现其结果和实质；检验所采用方法的预期和非预期的结果，对该方法作出评价。上述环节，也构成了跨界学习自我反思的闭环链，教师可以依据这一链条对跨界学习进行实时的反思活动。

(2) 知识内化

所谓知识内化，是指学习者通过对新知识的学习、交流、接受、消化，消除知识作为学习者的外在性，与学习者的内在知识结构融为一体，使之成为学习者内在素养的一部分，进而转化为学习个体创新性能力的知识基础。人类各种学习是通过学习外部的知识，经过理解和吸收将外部知识转变为内部知识结构的一个过程，跨界学习也是如此。现有的研究表明，知识内化过程中，知识首先被人脑的感受器感知，输入的知识要得到进一步的加工处理，就要使信息在人脑中短暂保留一段时间，并经过缓慢的一个过程，在相应的知识刺激和时间的积累中逐步完成。跨界学习通过跨界，利用边界资源，一方面夯实专业知识，促进专业发展，同时不断接受新知识，完成学科内部与学科之间的知识迁移和知识重构，融会贯通，完成多学科知识的优势聚集，从而全面提升专业综合素质。因此，如何提升教师跨界学习的知识内化能力，对跨界学习有着至关重要的影响。下面介绍几种提升跨界学习知识内化的方法。

前置阅读法。所谓前置阅读是跨界学习前，教师提前阅读学习材料，尝试完成部分学习任务。材料可以是线上收集资料、也可以是组织者提供的材料。经过这样一个过程，新知识在教师知识系统中已经产生部分同化作用，这相当于进行了一次简单的内化过程。当然，这一阶段的知识内化还是一个粗糙过程，在学习过程中会出现较多问题。如对所学知识把握不准，概念的理解也不够全面，尽管知识内化的效果并非明显，但因其有独立思考，对后续学习还是有很多帮助。

分享心得法。在跨界学习过程中，每个人的感悟收获都有所不同，因此，部分率先获得领悟的人，把自己的探索及发现，与大家进行分享，这种分享不仅对分享者有很大帮助，有助于澄清自身的思路，外显个人的思维过程，同样对听讲者而言也容易明确新的学习思路，形成独立思考的能力，更好地进行知识内化。

另外，也可以采用与专家讨论的方法，通过与专家的讨论进行知识内化，特别是一些有冲突的问题的讨论，往往是内化知识最快的时候。或者通过专题读书会，阅读一些专题书籍，来获取专业知识，这也是跨界学习内化知识的一种方法。专题书籍的阅读要求尽量全面，从各种不同的维度审视核心问题，避免以偏概全。

（3）情境应用

现代学习理论认为，学习有两种形态存在，一是初级学习，二是高级学习。初级学习是一些概念完善的、以语言符号编码的学习，这种学习停留于复述和再现的水平，往往将知识简化，脱离复杂的情境，只要通过大量的练习和反馈,熟练掌握后,就达到了学习目的。而高级学习是要达到掌握概念的复杂性和在新的情境中解决问题的目的,它是掌握结构不良领域的知识。显然,跨界学习属于高级学习,它关注知识在新情境中的应用。所谓情境应用是指学习者将所获得的新知识在一个全新的情境中的应用,它是知识内化的一种外在表现。情境应用是跨界学习追求的较高境界,是跨界学习达到完美层次的一种表现。下面介绍两种提升应用能力的方法。

跨界学习与课程开发的结合。课程开发能力越来越成为教师专业发展的必备素质,而参与学校课程建设既为教师专业成长带来挑战,同时也提供了机遇,是教师专业成长诉求的体现。因为一方面,教师课程能力的提升必须要在"做"中实现,让教师亲身参与课程建设,将促使教师在做的过程中不断进行自我反思,增强教师专业成长的自觉性;另一方面,课程开发与跨界学习相结合,在跨界学习过程中,完成课程开发的任务,形成学习与任务相结合的一种模式,提升教师在新情境中的应用能力。下面是来自上海市卢湾中学的一个案例。早在2013年,卢湾中学就积极开展"无边界课程"的开发与建设,从而打开师生的跨界思考之门。无边界课程以"整个世界都是教室"为理念,变"教科书是学生的世界"为"世界是学生的教科书",有利于学生从整体把握客观世界的角度出发,适当地突破学科的边界,将具有内在逻辑或价值关联的分科内容整合在一起,引导学生借助于"树木"来认识整个"森林"。基于上述的认识,学校将跨界学习和课程开发相整合,开展了无边界课程的实践,初步实现了五个维度的突破:一是突破学科边界,消解学科各部分内容之间、不同学科之间、学科知识内容与现实世界之间的边界的束缚;二是突破时空边界,在互联网技术的支持下,将学习内容扩展到无限的时空;三是突破学段边界,通过将各学段学习内容、学习方法的融通,帮助学生实现无边界的高效学习;四是突破围墙边界不在的学习机会;五是突破家校边界,形成并充分发挥学校、家庭和社区等的教育合力,全面整合多方教育资源,为学生的成长提供全方位的支持。由此,我们认为学校以无边界课程为基点,营造教师创新、学生创新、校园文化创新的氛围,促进了学校课程的开发,同时在课程开发中也促进了教师跨界学习的开展,促成了跨界学习在新的情境中的应用。

跨界学习与教学改进的结合。跨界学习属于一种行动学习,行动学习的基本特征是:为改进自己的教学而学习,在自己的教学过程中学习,学习寓于教学过程之中。教师可以根据自身情况,充分发挥自身的专业特长和兴趣优势,依据区域、学校和自身条件等开展跨界学习,在此过程中,吸收新的教学经验,也可以尝试自主或与他人合作形成项目研究。通过跨界的研究,理解教学目标如何设置,教学实施能否很好地落实教学计划,教学评价是否能取得预期的效果等,从而不断改进优化自身的课堂教学,进而形成迁移应用的能力。

4. 教师的跨界学习还需研究什么?

我们以教师的跨界学习为研究对象,探索了如何以跨界学习为载体,促进教师的专业发展。通过学校的实践,来反复地修正理论的建构,同时通过理论的指导,实现了跨界学习在学习共同体之间的有效实施,积累了一些典型的跨界学习案例,达到了预设的提升教师专业发展的目标。上述的研究表明,我们在跨界学习的研究之路上已经走了很远。尽管如此,我们也认为该项研究还有一些问题需要进一步深入挖掘。

理想的跨界学习和现实的骨感往往有着诸多的矛盾。人类生命的有限性,学习知识的无涯,教师如何在有限的学习时间内,实现知识空间的无限跨越,这不能不说是一个现实的问题,我们在倡导跨界学习时,跨界学习自身的边界如何厘定?

人类的认知,都是在继承前人的研究成果的基础上,不断创新发展而来。系统的专业学习让我们养成用学者的态度来对待社会问题,养成学科内在逻辑,获得心智训练,凝聚博雅的精神,那么跨界学习又如何让我们用学术的方式来思考社会问题,塑造学术精神呢?

跨界学习是如何发生的?跨界学习可以是个体的学习方式,也可以是在学习共同体之间发生,那么跨界学习通过何种场域的变化,引发了学习者的学习变化?其内心是如何实现知识的同化过程的?为什么在同样的环境中,不同学习者的学习结果呈现非一致的状态？为什么不同的主题,同一学习者的收益呈现非一致的状态？

评价和激励制度的不足,我们该如何应对？跨界学习中,具有不同学科、专业背景的教师,利用各自的专长,相互合作、沟通支持,共同在解决问题的过程中实现学习的跨越,对参与人员尤其是教师的投入度要求高。但现有的评价制度是强调分学科、分部门的评价制度,那么,我们如何实现机制上的突破？

上述所罗列的问题,也许只是跨界学习深入研究的冰山一角。实践之树常青,我们也期待更多来自于不同领域的有志者的加入,通过跨界学习的研究,形成教师专业发展的更深理解,达到更高的新境界。

第二部分　跨界学习的领导变革

持续变革，是今天教育管理者的核心领导力。我们正步入一个暴风骤雨般急剧变化的世界，新技术、新思想、新观念都在日益更迭，固守陈规必将被时代的激流淘汰淹没。大数据、人工智能，裹挟着移动浪潮扑面而来。人们常用"多变"、"不确定"、"创新"和"便捷"等词来形容当今社会所具有的特性。面对新技术的集群式突破，我们需要对变化保持高敏感度、强应变力，才能保证生存与发展。这正印证了达尔文的观点：在剧烈变化的环境中，能够生存下来的，不是那些最强壮的，也不是那些最聪明的，而是那些最灵活的。今天我们若不主动转型，明天就要被别人转型。

移动互联网时代对学习的速度及质量提出了切实的挑战，同时也对组织的学习力、领导力、创新力等方面构成了新的挑战。面对上述新变化，我们应该采取"拥抱并引领变革"的态度，把教师跨界学习的领导变革作为学校变革的核心引擎，探索构建新型的教师学习共同体，以更好地推动教师跨界学习。法国哲学家让-吕克·南希(Jean-Luc Nancy)认为学习共同体描绘了未来学校的理想状态，也是对未来教育的美好向往。[①] 雪莉·霍德(Shirley M. Hord)认为：一个学习共同体就是一个参与者平等贡献、参与共享、关注持续反馈和探索的协作团体。[②] 日本学者佐藤学等人把学习共同体视作为学习提供支持的环境或场所。在这样的环境或场所下，人们通过集体共同行动的方式积极主动地学习，寻求解决问题的策略，最终完成学习任务。[③] 莱夫和温格等则把学习共同体当成是学习者通过参与、活动、反思、会话、协作、问题解决等形式建构出的具有独特文化氛围的动态学习结构[④]。国内学者也一直关注

---

① [法]让-吕克·南希.解构的共同体[M].苏哲安译.台北：桂冠出版社,2003：68.
② Hord, S. M. *Professional Learing Communion of Continuous Inquiry and Improvement*. Austin: Southwest Educational DevefoPment Laboratory, 1997.
③ 佐藤学.构建"学习共同体"的学校教育改革——展望与哲学[EB/OL]. http://www.ac.cn/gjj/jlxx/gjjl_20060904141619.html, 2006-09-04.
④ 黄娟,徐晓东.校际主题综合学习共同体的构建与实践研究[J].中国电化教育,2003(10).

教师学习共同体内涵的研究。商利民认为教师专业学习共同体是指"以教师自愿为前提,以分享、合作为核心精神,以共同愿景为纽带把教师联结在一起、互相交流共同学习的学习型组织"[①]。钟志贤指出学习共同体是为完成真实任务或问题,学习者与其他人相互依赖、探究、交流和协作的一种学习方式[②]。赵健则认为共同体代表的是一种社会联系方式,是一种社会结构[③]。郑葳等人把学习共同体看成是一种多元、民主、平等而安全的开放式学习环境[④]。张建伟认为学习共同体是学习者及其助学者们彼此之间经常在学习过程中进行沟通、交流,分享各种学习资源,共同完成一定的学习任务,因而在成员之间形成了相互影响、相互促进的人际联系[⑤]。由此可见,不同学科的学者们都立足于各自的学科视野,尝试给教师学习共同体下合适的定义。从社会学的角度,学习共同体可以被视为学习的组织或团队;从教育学的角度理解,可以将它当作一种学习的方式;从人类学的角度出发,它被视作学习的结构;从心理学的角度来说,则又被视为学习的关系;而从文化生态学的角度着眼,可将其界定为学习的环境;此外,就哲学角度它可以被视作一种理想或信念。这些研究角度不胜枚举,换句话说,各领域的研究都已避不开学习共同体这一概念。

我们发现,虽然学者们立足于不同的理论基础,且他们的教育诉求也不尽相同,但他们在教师知识和学习的问题上达成了共识,即都将社会关系的因素作为教师知识和学习生成的基础,认为它是社会交往的产物,同时也是教师个体和社会交互的过程,"教师学习共同体"的内涵应当涵盖这一定义。不仅如此,我们认为,将"教师跨界学习"与"学习共同体"结合在一起,会起到1+1＞2的效果,因此,学校开展本体性内容研究的过程中,在前期充分研讨和调研的基础上,搭建了"教师跨界学习共同体"的组织架构,在校内逐步形成了跨越学科边界的"无边界思维坊"、跨越时空边界的"酷课·创学中心

[①] 商利民.教师专业学习共同体研究[D].华南师范大学,2005.
[②] 钟志贤.知识建构、学习共同体与互动概念的理解[J].电化教育研究,2005(11):20—29.
[③] 赵健.学习共同体——关于学习的社会文化分析[M].上海:华东师范大学出版社,2006.
[④] 郑葳.学习共同体:文化生态学习环境的理想架构[M].北京:教育科学出版社,2007.
[⑤] 张建伟.网络协作探究学习的设计[J].中国电化教育,2003(9).

组"、跨越项目边界的"科学创智 Home"、跨越年龄边界的"1+3+N 工作室"和跨越生活边界的"青年教师创意沙龙"等形式多样的教师学习共同体,完善了学校的跨界学习群体组织架构。此外,学校合理利用社会资源,与高中、高校联盟,与公司、企业合作,拓宽教师眼界、加深教师学识,提升教师们跨界、交叉、联想、创新等思维。这些形式多样的跨界教师学习群体,对于促进教师团队创新,加快实现知识共享,推动教师适应性专长的发展,起到了良好的引领和示范作用。

在"教师跨界学习共同体"中,跨界者既包括各科教师,也包括学校管理人员、外聘专家、大学教授、家长智囊团成员等。"教师跨界学习共同体"中的伙伴关系,我们倾向于将其定义为一种"跨界安排"。教师跨界学习共同体中的成员之间形成"多重联系",并以"跨界"的互动为主要活动类型。通过来自不同话语和实践背景的成员之间的互动、协商,一线教师与技术人员、专家学者、行政领导可以发展出"跨越边界的能力"。这一能力的提升类似于"扩展性的学习",或是"横向专业技能"的养成。研究者马丁曾提出"第三空间"的概念,他认为"第三空间"是通过"离散的、社会的互动"构建而成,其特点在于以"both/also",而非"either/or"的视角来看待不同的立场或观点,"反对诸如实践者与研究者的知识、理论和实践的二元论,并以新的方式来理解被认为是相互竞争的话语之间的融合"。"教师跨界学习共同体"与"第三空间"的特质类似,对话、多元、理解是"教师跨界学习共同体"的突出特征。

构建教师跨界学习的共同体的主要方法有共创愿景、变革组织、赋权增能、激活文化。学校从以上四方面积极开展领导变革的实践,提升组织的学习力和学校的可持续性发展力。(见图 2-1,跨界学习的领导模型)

跨界学习领导模型

图 2-1 跨界学习的领导模型

1. 共创愿景：在改变的时代改变自己

如何点燃教师的学习热情，保持可持续竞争力，是跨界学习型组织需要认真思考的问题。"共同愿景"这一概念最早由彼得·圣吉在《第五项修炼》[①]中提出。他认为：在学习型组织中，有了衷心渴望实现的目标，大家会努力学习、追求卓越，不是因为他们被要求这样做，而是因为衷心想要如此。

1.1 以愿景引领团队变革

"水激石则鸣，人激志则宏"，共同愿景来源于成员个人的愿景而又高于个人愿景，是组织中各个成员发自内心的共同目标，唤起人们的希望，令人欢欣鼓舞。可以说这是人们心中蕴藏着的一股感召力量，它能令组织中的每一个人都自觉为共同愿景的实现而努力，乃至付出一切。可以发现，当一个群体执着于一种共同的愿景时，一种特殊的力量会促使他们完成许多原本个体做不到的事情。这样的例子不胜枚举，华特·迪士尼的商业奇迹是从一只小老鼠开始的。在公司建立之初，他就将公司的共同愿景定位为：成为全球的超级娱乐公司，让世界快乐起来。这个简单、清晰而又挑战性的愿景，激发了团队所有人的共鸣。于是，就有了迪士尼的缤丽卡通、让大人和孩子流连忘返的主题乐园。如果没有这个共同愿景，也许就没有迪士尼今天的傲人成就。通过大量的事实，我们可以认为：一个拥有共同愿景的团队，比普通群体更容易获得成功。反之，一个没有共同愿景的团队是难以强大的，即使一时强大也难以持久。

（1）共同愿景是凝聚共识的粘合剂。共同愿景改变了成员与组织间的关系，简而言之，就是把"你们"、"他们"变为"我们"，把全体成员融为一个大家庭，从而提高组织的凝聚力和向心力。心理学家马斯洛发现，杰出团队最

[①] [美]彼得·圣吉.第五项修炼[M].上海：中信出版社，2009.

显著的特征就是拥有共同愿景与共同目的。好的共同愿景可以产生强大驱动力，驱动组织的全体成员产生追求美好未来的巨大勇气。组织共识使大家得以朝着一个方向前进，形成风雨同舟、齐心协力的坚实集体。

（2）共同愿景是引领未来的导航仪。愿景是未来的导向，它关注的是未来，寻求的是超越，它引领组织发展的航向，使团队在前进的道路上即便遇到困难和挫折，也不至于陷入迷茫无措的境地。共同愿景是组织前瞻性的思考，是组织成员发自内心的对未来的渴望，它不同于一般的阶段性目标，具有未来特性的高远，充满了挑战、机遇和风险，可以激发组织不断创新的精神，激发组织敢于承担风险的勇气，为团队提供不竭的动力。

（3）共同愿景是激励创新的孵化器。目标是短期内可达到的里程碑，愿景则是期望达到的未来蓝图，即愿景与现实之间具有一定的差距，我们把这种差距叫做创造性张力。创造性张力正是组织自我超越的核心动力，它把不可能变为可能，帮助我们创造共同想要的东西，激励组织成员大胆创新。

（4）共同愿景是柔性约束的契约书。把愿景变为实景是一项长期的、渐进的过程。绝大多数愿景的实现都要经历数年甚至数十年时间，有时甚至更加漫长。在这样一个长期跋涉的过程中，共同愿景会使组织成员在共同价值观的驱使下自觉履行承诺，自觉规范自己的行为，心甘情愿地为之付出，为之奋斗。与制度的刚性要求不同，共同愿景是一种软约束，它培育的是一种正向的文化内驱力，能增强成员的使命感、责任心，能有效鼓舞组织内部所有成员提升职能，自觉接受愿景召唤，竭尽全力实现共同的抱负，在不断尝试与修正之中，一步步地接近最高的目标。

1.2 构建组织的共同愿景

（1）分享个人愿景。如何建立团队的共同愿景？它应该来自于每个成员的个人愿景，只有团队容纳个人、个人融入团队，才能激发出组织成员学习、工作的积极性，从而充分发挥其创造力。构建组织的共同愿景需要从描绘个人愿景入手。个人愿景是发自内心的最热切渴望达成的事情，是个人对自己未来的一种展望，是个人持续奋斗的内在动力。在共同愿景的建立过程中，领导者首先应该倾听每位成员的"声音"，了解团队中所有人的自我规划和目标愿景,在此基础上,引导团队成员发掘他们的个体意义和个人价值,建立共同愿景,从而使得团队成员与领导者形成"上下同欲"的共有价值取向。在分享个人愿景、探讨共同愿景的过程中,倾听所有成员的声音,了解他们的个人愿景,让个人愿景与组织愿景相互激荡,交融创生,把个人愿景凝炼出来,形成组织的愿景。引导大家把个人愿景与组织的愿景联系在一起,为建立共同的愿景创造条件。分享愿景的过程需要有良好的氛围,以利于成员之间开诚布公,相互理解。描绘个人愿景可以从以下问题入手:

- 你理想中的教师职业状况是什么样子?
- 未来我们将成为什么样的教师?
- 你心目中的跨界学习型组织是什么样子的?
- 当你拥有这样类型的学习型组织,它能够给你带来什么?
- 你希望你的努力可以在组织中发挥什么样的影响力?
- 跨界学习型组织成员之间如何相处?如何促进?
- 你希望在跨界学习型组织中学到什么?
- 在学习活动中,你希望创造出什么样的成果?
- 从哪些方面看,我们的组织是值得引以为豪的?
- 什么才是跨界学习型团队攻克的方向?
- 推动我们组织发展的关键力量是什么?
- 哪些趋势会对我们的未来发展产生影响?
- 未来一所成功的学校应该是什么样子的?
- 当我们在未来的学习和工作中遇到困难与挑战时,我们应该如何应对?
- 我们可以对社会、家长和学生作出哪些贡献?
- 对你而言,我们的愿景中应该包括的最关键的词是什么?
- 什么样的愿景能够激发大家的投入与参与热情?
- 我们达成的共同愿景对你个人的愿景与目标有什么帮助吗?

共同愿景,可以解释为组织成员所共同持有的愿望或理想景象,然而对于领导者来说,这个共同愿景首先也应该与他的个人愿景保持一致。如果领导者拥有良好的愿景,它也将演化成引导组织前行的愿景,不仅如此,领导者的个人愿景在共同愿景中占有很大的地位。例如,比尔·盖茨当年的个人愿景是:让世界上每一张书桌都摆有一架计算机。这一愿景后来融入到了微软的共同愿景中,于是微软的使命和愿景应运而生:计算机进入家庭,放在每一张桌子上,使用微软的软件。如今,微软成功地影响了全球的计算机风潮,且有90%的电脑使用Windows系统。需要注意的是,共同愿景并非个人愿景的简单叠加,而是来自于组织各成员共同关切的发展方向以及希望达到的目标。共同愿景必须构筑在个人愿景之上,但不等同于个人愿景,而应该高于个人愿景。唯有如此,共同愿景的实现过程才能同时被视作个人愿景实现的过程。更重要的是,共同愿景应内化为成员价值观的一部分,这样的愿景才能发挥效果。

(2)塑造共同愿景。个人愿景的分享,实际上是在帮助我们正确描绘共同愿景。共同愿景可以将组织变为一个生态共赢的命运共同体,在构建共同愿景时,要注意把握几个要点:首先,共同愿景是组织发展的方向,是组织中的每位成员希望预见的未来,共同愿景要考虑如何用对未来的憧憬拉动现实的需求,帮助组织实现快速发展。其次,共同愿景渗透了学校的核心价值观,对个人、组织都有着巨大的驱动力。对个人而言,有了共同愿景的驱动,可以发挥个人的最大潜力;对于组织而言,有了共同愿景的驱动,可以驱使团队追求最大的整体效益。第三,组织在建立共同愿景时应该容纳那些正向而行的个人愿景,并能够给予一定的实现空间,因为具有个人愿景的组织成员比不具有个人愿景的组织成员行动效率更高。

共同愿景是教师跨界学习共同体发展的关键,是跨界学习的动力源泉。没有愿景,教师就没有发展的方向,没有学习变革、突破自我的勇气和热情。构建共同愿景需要聚合绝大多数教师的发展需求,找到教师学习需求的交集点,并且以此交集点为中心,汇聚形成全校教师共同学习的愿景。当教师的专业发展需求被激起时,就可以充分挖掘教师的内生元素,激发教师投入专业发展的热情,为教师专业发展创造契机。卢湾中学跨界学习型组织的共同愿景是:成为适应时代发展的未来教师。全球化、移动浪潮、网络社交对当今世界产生了广泛而深远的影响,人们的生活方式、学习方式、思维方式等都在发生着惊人的变化,教育不可避免地要从根本上回应社会的变革。"未来教育"呼唤"未来教师",教育的改革必须依靠教师来完成。在信息时代发展的今天,作为一名教师,既要着眼于现在,更要着眼于未来,与时俱进,跟上时代发展的需要,这样才能培养出符合未来社会发展需求的人才。教师关注明天,赢在未来,成为未来教育路上的领跑者。当教师的专业发展需求被激起时,就可以充分挖掘教师的内生元素,激发教师投入专业发展的热情,为教师专业发展创造契机。

(3) 认同共同愿景。共同愿景形成以后,要准确了解组织成员对共同愿景的看法,比如:共同愿景是否打动了你?共同愿景赋予了你什么力量?在这个愿景中有什么是值得我们作出贡献与承诺的?哪些部分和你没有关系?只有组织成员坦诚他们的想法,才能准确了解他们对共同愿景的支持程度,为进一步完善共同愿景或者重新设计愿景奠定基础。其次,要畅通共同愿景的传输渠道,将愿景有效地传递到组织的每一位成员,使所有的老师都能知晓和理解这一愿景,达成思想上的共识和目标上的一致。共同愿景的宣传与沟通,必须建立在坦诚、信任的基础上,有效的沟通可以培养个人对共同愿景的认同感,使个体明白共同愿景的实现要依靠集体的智慧和团队的协作,同时也使个体明白个人愿景的实现需要组织创设好的平台。这样,个体就会积极主动地分担责任,对组织的成就感到骄傲。然后,要瞄准愿景,落实责任,制定与共同愿景相匹配的实施策略和行动计划,形成胸怀远大、心手相连、勇于挑战极限的组织文化,充分发挥教师的潜能,最大限度地释放组织中绝大多数人的能量,使共同愿景成为一种可以实现的图景。

1.3 跨界学习的共同愿景

就跨界学习而言,需要教师和学习团队"在改变的时代学会改变自己"。

首先,改变组织的学习形态和格局。每一次技术的革新,都会给社会生活带来巨大的冲击。"翻转课堂"(Flipped Classroom)和"大规模开放在线课程"(Moocs)横空出世,一些"颠覆性创新"如智能触屏手机、社交媒体、云服务的崛起等,颠覆了人们对教育与学习模式的认知,引发了组织学习速度和质量之争,改变了组织学习的形态和格局。原来统一的学习内容、标准的学习模式已经难以满足教师的多元化学习要求,校本研修提供的有限的学习时间和空间仅仅是学习者获得信息的众多渠道之一,教师需要更多的学习渠道,更灵活的学习方式,更开放的学习空间。如何重构有效的教师学习时空,使提供的学习内容凸显出对学习者的价值,已经成为当今教师学习的重大课题。未来已来,对于学校和我们教师个人来说,不是"要不要变革"和"要不要学"的问题,而是看谁的敏感度更高,看谁学得快、看谁学得好!唯有对变化保持高度的敏感,并具有灵活、敏捷的应变力,学校和教师个人才能获得生存和发展。

二是驱使"跨界融合"成为学习主流。在新兴技术快速发展、应用的时代,传统的行业边界、专业边界,正在不断交叠、重构,甚至模糊、消融。不可否认,跨界融合已经成为生态发展的大趋势,且正面临着快速变革。以近百年来的诺贝尔化学奖为例,其中的"跨界"特质显而易见:约三分之一的荣誉涵盖了生物化学领域。2017年诺贝尔化学奖颁给了三位物理学家,因为他们开创的冷冻电镜技术对生物学领域有重要作用。诺贝尔化学奖之所以显得如此"非专业",或许正是因为自然科学的学科和门类之间本来就没有泾渭分明的界限,科技的飞速发展终于步入了融合场域。因此,从长远的角度看,学科间的界限将会越来越模糊。"跨界融合、创新驱动、重塑结构、开放生态、连接一切"将成为这个时代的学习特征。学习俨然成为由教师需求驱动,以新科技和新平台为依托,将现有学习领域和资源要素相互融合或裂变,实现自我和组织延伸或突破的神兵利器。卢湾中学的"无边界思维坊"自2011年成立以来,围绕三类课程,打通学科界限,寻找学科交叉点,进行教师跨界学习,取得了丰硕的成果。

三是培养适应未来的"超级学习者"。从管理学的角度来看,两大因素会驱动组织的变革和转型,一个是人,另外一个就是技术,这种双螺旋驱动会催生管理变革。毫无疑问,现在教师的年龄结构已经发生了根本性的变化——包括"80后"和"90后"在内的"新人类"已经成为学校的主力军。更重要的是,他们在学习、社交等方面,与"60后""70后"有着巨大的差异,他们更有个性,更富有创意。从学习方式上看,他们更愿意主动探索,更喜欢与团队交流,而不是"被动接受";他们是网络的"原住民",善于运用各种新的技术与工具去开拓各种学习领域。当新技术遇上"新人类",必将引爆一场全新的"学习革命"。事实上,近年来学习领域的很多变革,如游戏化学习、碎片化学习、混合式学习、社交化学习等,从某种意义上讲,都是"新人类"与"新技术"邂逅的结果。未来成功的教育将是"以学习为中心"的教育,让教师成为"超级学习者",可以改变教育的现在和未来。

2. 变革组织：突破教师学习转型之困

学校在追求持续成长的过程中,真正的障碍并非技术或环境的变化,而是组织和文化的滞后性。换言之,学校持续发展的主要障碍不在外部,而是组织自身。组织变革是顶层设计工程,需要得到班子成员和全体教师的认可。在此基础上,让所有教师从变革的跟随者转化为主动的领导者、将被动变革转化为主动变革,迎合其自发的前进诉求,激发起教师的热情与活力,从支持、理解再到主动参与变革,并将变革行动固定、持续,不断形成学校文化的一部分。

2.1 打破"组织僵化",实现"去中心化"

以往教师学习型组织的主要形式通常是直线管理式,即由直线领导机构和职能部门负责实施,下达到教师个人,这种模式可被视作典型的金字塔结构。在这一模式中,校长作为第一责任人,校长室负责总体规划,课程教学部、德育工作部、教育科研部三个部门负责分工落实研修内容模块,教研组、年级组负责具体展开的分级联动管理网络,决策和信息由上而下层层传递。见图2-2,学校科层组织的金字塔结构。

科层制组织管理模式诞生于20世纪的工业化浪潮,它是一种依照权利和职位进行分工和分层,以规则管理约束下属的组织体系和管理方式。长期积淀下来,必然会形成一切以领导为核心的组织文化。此外,组织的臃肿,层级的复杂,也会让那些具有创新精神的职员望而却步,使组织的创造力逐渐丧失。

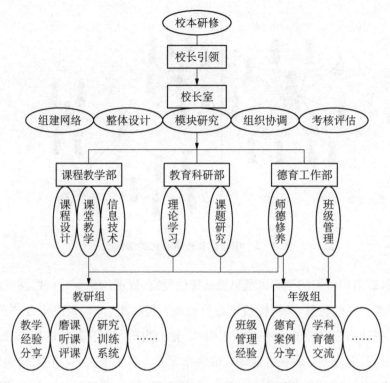

图 2-2 学校科层组织的金字塔结构图

打破"组织僵化",需要对原有的组织结构进行颠覆的变革——从"金字塔"结构向"去中心化"转变。通过破除组织中自上而下的垂直结构,减少管理层级,建立扁平化的横向组织,缩短信息传递的路径,减少信息交流的阻碍,营造一种自由民主平等的新型关系,从而使组织变得更加灵活而富有弹性。去中心化,是指去除层级结构,不搞绝对权威,允许多个中心存在的生态连接网络。不是没有中心,而是由节点来自由选择中心、自由决定中心。去中心化可以增强成员的主动性。在项目合作中,任何人都是一个节点,任何人也都可以成为一个中心,任何中心对节点都不具有强制性。见图 2-3,中心化和去中心化的结构。

互联网思维强调开放、协作、分享,这种新时代思维模式同样值得组织内部借鉴。今天的组织,越来越讲究扁平化,越来越注重共创、共享。去中心化,意味着打破边界,打破束缚,打破部门壁垒,一切以老师的学习需求为导

中心化和去中心化

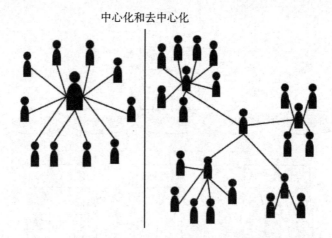

图2-3 中心化和去中心化的结构图

向。打破组织层级的障碍以及思想认知的樊篱，以更加平等、开放、网状的结构，承载集体的智慧，共同构筑核心价值观。需要组合时，自由组合，"自驱"管理，打造跨学科教研的快速响应团队。他们内部不存在复杂的层级管理和流程管控，完全是一种任务驱动式的协作方式。在某个去中心化自治组织内部或者周边，也可以有其他去中心化自驱组织，每个人都可以从分布式网络的贡献者中利用集体智慧，获取自己需要的东西，每个人都要参与识别和解决问题。

"无边界思维坊"是主动拥抱和迎接"去中心化"趋势的一个实践。叶敏老师在他的札记中写道：我现在除了上课和批作业以外，做得最多的一件事，就是去找其他老师聊天。以至于其他办公室的老师看到我进门，他们就笑说"叶老师又来了"。聊天不是瞎聊，都是有营养的"干货"。在备课过程中，或者我看新闻时，我总能看到学科结合的点，但是我对其他学科的内容又只是略懂皮毛，比方说一句古诗的含义，一个英语单词的俚语意思，于是就有了我一天至少两次地找其他老师"聊天"。在我们学校这样的氛围特别好，"聊"到后面，整个办公室的老师都参与进来了，各科老师都有，每个学科老师还不止一个。在大家你一言我一语的互相指导中，一个个问题就很清晰透彻了，我的思路就开阔了，我感觉大家都学到东西了。我很喜欢这样一种氛围，这样一种形式。在这个案例里，叶敏老师就是自发的一个节点，一个小中心，在他的影响下,不同学科,不同背景的老师聚合在一起,形成以解决问题为导向、以创新课程为驱动的"去中心化"学习型自驱组织,大家一起探讨、分享和解决问题。

2.2 打破"组织边界",创造弹性空间

时空压缩的信息社会,学习的边界发生了很大的变化。因此,为了与之相适应,学校组织的边界也需要调整,需要与时代的变化共舞。金字塔型的科层组织结构是有严格的边界的,不能随意地逾越界限、自作主张,在过去的很长一段时间里发挥了明显的效果。然而,纪律严明、内外分明的组织结构,对内容易造成人员之间信息交流不畅。对外,无法真正连接现实社会,缺乏全面的视角,整合能力差,很难为培养复合型人才服务。甚至会因为单向传输造成信息的不对称,以及每个人知识结构、理解能力、价值观念等的差别,将干扰学习者的正确判断,影响个体学习效果。

能否吸引到优秀的教育人才进入这个组织？能否让学习型组织和其他更多的学习型组织像液态似的学习交流与合作？组织自身能否不断作出改变,适应社会的变化？这种能力,我们称之为"学习型组织的弹性"。只有超越固化的模式,打破原有的边界,追求具有动态性的弹性发展目标,学习型组织才能达到更高层次的发展水平。有弹性的学习型组织是一个开放的生态系统,系统中的每一个个体都与周围的环境紧密相联,并且处于动态的交互之中。当我们能够拥有这些弹性的空间,我们就能够敏锐地感知外部世界的变化。因此,教师的学习型组织需要开放与弹性的组织结构,让外界新鲜元素融入,而不是选择通过建立组织壁垒的方式获得成功。见图2-4,跨界学习型

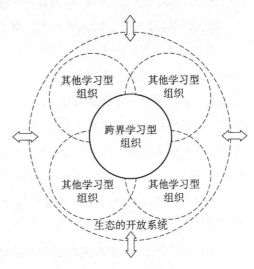

图2-4 跨界学习型组织的结构图

组织的结构图。

知识经济的快速崛起、移动智能的快速发展、社会对未来复合型人才的渴望,正在推动学校主流的、正规的学习范式突破自己的边界,开放自己的平台,整合更多的能力进来,让"+"成为一种组织开放的基本特征。打破组织边界不仅体现了移动浪潮开放、共享、无处不在的时代特征,更重要的是,作为对未来教育发展态势的一种预期,跨界学习型组织使学习跨越了传统模式中的制度、形式、专业、空间和时间上的边界,形成一种新型的适应于信息时代,多元知识高效共享的教师学习形态。成员的异质性,类型的多元化,为战略创新、思想创新、课程创新提供了更加丰富的信息和知识。跨界学习型组织,以授权的团队取代部门,保持合理的自由空间,更灵活、更自主、更能发挥同伴互助作用,以及更有利于促进教师生涯发展,成为促进未来学校教师专业成长的重要组织形式。此外,组织内每位成员的知识背景、资源、爱好等各不相同,通过彼此之间的交互,带来意想不到的价值。

2.3 克服"组织惯性",糅合非正式学习

组织的惯性一般指组织成员思维定式的惯性、工作方式的惯性、约定俗成的惯性等。这些惯性有可能是原来的成功经验,但在风云变幻的今天,已经成为"抗拒变革"的力量,影响着组织的发展。

组织变革,必须克服组织成员的思维定式,在改变的时代改变自己,跟上时代的步伐。学习俨然成为由教师需求驱动,以新科技和新平台为依托,将现有学习领域和资源要素相互融合或裂变,实现自我和组织延伸或突破的神兵利器。新时代对于教师的要求也在变化,我们意识到,只有建立更多的跨越不同边界的新型学习组织,才能不断激发教师知识共享的热情和潜能,焕发教师新一轮成长的光彩。"无边界思维坊"的设想由此激发。在这个学习组织内,集聚了多学科教师,彼此之间通过教师协作,助推教师的专业成长,围绕三类课程,打通学科界限,寻找学科交叉点,进行教师跨界学习,取得了丰硕的成果。

在新时代背景下,学习的内涵与外延更加丰富。非正式学习正在改变组织惯性,成为组织持续发展的动力,为教师发展创设出一条不同寻常的路径。

学习不再意味着单纯地获取知识,而是更强调学习主体能够发现问题并解决问题。与正式学习相比,非正式学习的知识来源更加多元化,包括朋友、同事、网络、电视、图书馆等。有研究表明,80%左右的学习发生在非正式的组织活动中,而不是在教室或正式的培训项目中。非正式学习形式多样,不像正式学习那样受约束,没有固定的传道者、固定的场所,主要形式是非结构化的、非正式的,非正式学习可以在咖啡室聊天,它以头脑风暴为特点,可以让每位教师全情投入,激发每位学习者的潜能。非正式学习更强调协作,鼓励团队通过对话、反馈和问题解决等学习活动提高团队的集体智慧和绩效。在非正式的学习场域内,人人都是平等的关系,每一位成员都能分享创意,彼此连接,开启对话,大大提高学习效果。

正确理解非正式学习的本质与特性后,领导者需要为跨界学习组织提供支持性的学习环境,优化非正式学习空间。以卢湾中学为例,图书馆、咖啡吧、屋顶的空中花园,处处是舒适的桌椅、休闲的空间,这些场所吸引更多志同道合的学习者卷入、驻足,成为学习者分享知识和沟通交流的场所,让人和人的连结,思想和思想的连结,变得更加自然和谐,让学习变得随处可见,从而营造出良好的学习生态。在学校二楼的教师休息室内,有一间单独的无边界思维坊活动室。一进门,就能看到占了一面墙的大标志:无边界思维坊。里面配备了舒适的沙发,多个沙发围绕一张圆桌,老师们团团而坐,在柔和的灯光下,在思维的碰撞里,一节节精彩的跨界课程就在这里诞生,一场场教师跨界学习就在这里延伸。聊累了,活动室的小吧台有学校提供的咖啡和茶,一品茗,一缕香气,老师们又继续他们不同学科的跨界学习之旅,氛围热烈又温馨。学校的屋顶花园,是教师的另一个"世外桃源",被老师们亲切地命名为"卢福宫",意为卢湾中学老师幸福的宫殿。走进这里,可以漫步石间,感受小桥流水的意境;可以坐上秋千,领略清风拂面的惬意;最主要的是可以在忙碌的工作间隙,与办公室里的老师上来喝杯茶,随意聊聊。老师们离开自己的办公桌,走出自己学科的一方天地,这看似只是个忙里偷闲的幸福时刻,然而往往就是这样轻松的交流顿开了教师们的思路,谁说这不是一个令人愉悦幸福的学习场呢?

3. 赋权增能：从激活个体到激活组织

"赋权增能"最早是从20世纪80年代的管理学中提出的概念，并诠释出相应理论。到了20世纪90年代，"赋权增能"的话题在教育领域也得到了普遍的关注，其核心思想包括：赋予教师共享教育领导者的权力，增强教师对自身专业的理解与认同，激发教师潜能，给予充分信任和关怀，激励创造共享价值，提升教师自我效能感。"赋权增能"理念在教师的专业发展过程中起着重要作用。充分授权，激发潜能，将教师的角色从"组织人"向"专业人"过渡，增强教师在专业发展中的主体地位，能切实促进教师专业发展水平的提高，加强教师对学校的认同感和向心力，最终推进教育目标的达成。

3.1 引爆教师个体专业能量

充分地授权给教师个体，是教师跨界学习成功实现的必要环节。授权的目的是应对变革过程中的障碍，让具体执行变革措施的组织成员拥有必要的权力，去除层级管理带来的僵化与内耗。当教师在组织里拥有更多让他们自己觉得可以贡献自己价值的感觉时，我们就能清晰地意识到，今天的学习型组织管理的一个根本核心，其实是激活个体，让每个教师成为一个小宇宙！人人都可以成为中心，而不是下级围绕上级转。只有把个人的力量充分释放出来，才能在更大程度上激励创新，发挥事半功倍的作用。只有当组织为个体提供价值贡献，才能令组织富有持续的生命力。与此同时，当个体的想法得以无障碍地充分实施，高度的自我效能感随之产生，这也将激发个体执行活动的信心与动力。管理人员的角色，也应从学习管理者转变为学习引导者，与学习者平等交流，以共情之理了解学习者的工作学习情况，更多地介入到学习过程中，从而更好地为学习者提供引导与指导，提高其学习效率与效果。把决策权交给一线老师，"让听得见炮声的人来做决策""让一线直接呼唤炮火"，把个体的能力释放出来，可以在更大的层面上激发组织的活力。学校可持续发展的核心是激发教师内在成长的驱动力,激发教师的责任担当。学校共同愿景目标的实现依赖于个体能力的释放。

个体价值的崛起,需要成就来激励。实践证明,这是比金钱激励更有效的方式。从心理学的角度来讲,当一个人从事某种活动、做一件事感到愉悦、成功时,就会对该活动或者事情产生兴趣,并将以更高的热情投入到该活动中去,反之,则会失去对该项活动的兴趣,停止或者怠于从事该项活动。与学生一样,教师也需要通过自我展示取得成就感,并以此证明自己的价值,美国著名教育家霍华德·加德纳先生的"多元智能理论"指出:人的智能包括音乐、数学逻辑、空间、语言、身体运动、人际、自我认知和自然认知等8种智能。每一个人都有独特的智能优势。学校尽可能为教师搭建各种跨界展示平台,展示每一位教师的智能优势,让教师获得自我激励的成就感,获得积极进取的动力。

个体价值崛起,更需要平台与导引。个体价值的崛起可以带动整个组织的变革和转型。在我们倡导的哥本哈根式的跨界学习型组织中,每位教师都可以创造价值,每个人都可以充分地体现他对组织的贡献。作为具有主观能动性的参与者,每个教师都在不断审视自己的教育教学行为,梳理和完善自己对问题的专业认识,逐步形成课程开发能力,不断突破自己能力的上限,用前瞻而开阔的思维方式,创造真心向往的结果,催生了一大批独具魅力的课程,如《文有灵犀数点通》《问鼎》《漂浮的结构》等。推进了学校无边界课程改革的顺利实施,使学校办学特色保持旺盛的生命力。

3.2 激励组织创造共享价值

今天的社会绝对不是通过分工来获得效益,而是通过协同合作带来最好的效益,这是一个很大的改变。世界上最大的租车公司没有自己的车辆,最大的电商平台自己不生产商品。共享经济正在深刻地影响着大众的生活及消费,实现从"我"到"我们"的转变。共享消费模式,把资产的所有权和使用权分离开来,通过优化组合,释放共享价值,实现了利益增值和消费共赢。

激励组织创造共享价值,是开启学校创新发展的钥匙。共享价值给学校带来的竞争优势上的持续性,将远远超过传统的质量改进模式。卢湾中学强调"创造共享的价值",将"我"变成"我们",将"个体价值"转化为"共享价值"。通过激发个体价值来创造组织的共享价值,而不是用组织价值来激活组织。在这里不需要传统的行政命令式的管理,只要你创造条件,营造氛围,甚至以学习者的角色参与其中。最令人愉快和畅快的是,这里没有上下级的职位划分,没有层级管理带来的约束,没有被僵化在一个狭窄的空间里。在这里,老师们可以发挥自己的价值,产生影响,作出贡献,这些影响和贡献能够得到及时的反馈,并可以看到最终的结果。"无边界思维坊"的许多老师,诸如杨海蓉、叶敏、鲁波乐、董丹阳、吴媚等研发的课程,不仅受到了同行的认可,还在媒体的聚光灯下频频出镜,他们在与大家共享价值的过程中,实现个体价值和组织价值的良性增长。在这里,个体与个体之间的关系,不是相互排斥,而是相互激励,共同进步。每个人的发展都是共享价值链上良性循环的一环,每个个体能力的提升都会给其他人带来发展的机会。一个人贡献自己的智慧,随之而来会引发更多的思考和创新,给大家带来更多的机会和启迪。

最优秀的领导者,不是要求别人听从命令为他服务,而是与大家一起奋斗。对于领导者而言,需要拥有一种能力,能为团队的成长设计线路,促进彼此的成长;能让组织中的每一个成员都在生态网络链中找到自己的位置,贡献自己的价值。只有当团队和个体都得到成长,才会创造价值,也才有可能带来价值共享的可能。作为跨界学习的领导者,校长最关键的职能就是创造一个好的组织平台,告诉大家每个人都可以创造价值,每个人都可以充分地展现他对组织的贡献,并让一群想干事、能干事的老师聚在一起,快速地感知学生需求,愉快地研究跨界学习中产生的一些问题,充满创造力地研发校本课程。尽管新教师、骨干教师和专家教师在教学知识和经验方面存在水平上的差异,各学科教师术业有专攻,但由于跨界学习共同体为教师提供交流、互助与合作的多样化互动机会,大家可以通过多种接触途径和互动方式分享彼此的观点,使教师个体及组织的知识体系得到丰盈。在学习的过程中互通有无,在课堂上互相补台,在效果上互惠互利。搭建共享价值的生态圈,构建良好的生态结构,可以实现从竞争转向竞和,避免教师陷入孤军奋战的困境,形成教师之间互惠互利、互助合作的格局。

3.3 评价杠杆撬动学习热情

为了更好地推进教师跨界学习的实践，培养有思想的跨界行动者，卢湾人一直在思考：每一位教师的创造力如何被激发与有效协同呢？为此，学校采用了隐性评价和发展性评价相结合的方式，提升教师跨界学习积极性、提高教师综合素质和专业能力。

隐性评价——跨界学习过程中的隐性评价。持续追踪一个教师的进步，同时直接提供自动反馈的方法被定义为"隐性评价"（它最早被运用到教学游戏和教育模拟中）。隐性评价的目的是通过淡化评价和学习之间的界限，来减少学习者的测试焦虑，之后再进行准确诊断。为了更好地提供教师跨界学习的评价机制，我们借鉴并尝试建立了卢湾中学的隐性评价机制。学校通过预判教师在跨界学习中知道什么和能做什么，不断地提供与其能力相匹配的任务和评价，目的是检测教师跨界问题解决技能，包括知识、理解和应用技能，同时发掘教师的创造力和批判性思维等能力。学校建立隐性评价体系的挑战是：跨界活动的评价者需要确定评价教师哪些知识、技能和能力，以便这些能够内置到评价体系中。因此，教师跨界学习设计者，必须弄清楚哪些行为和课程是反映教师知识、技能和能力的，之后要设计这些跨界活动，测量教师执行任务或解决问题的成功与失败。隐性评价能够就教师跨界行为给出及时反馈，也给教师提供如何发展探究批判性思维、决策和创造力的信息和机会。通过将动态评价和激励融入到跨界学习活动中，隐性评价采用引人入胜的方式来培养跨界者的创造力、问题解决、毅力和合作能力。

发展性评价——基于教师发展的综合性评价。卢湾中学的发展性教师评价模式，以促进教师个体发展和学校整体发展为主要目标，评价内容和评价标准明确合理，突出教师在评价中的主体地位，提倡教师自我评价，鼓励教师积极参与评价，并在评价中体现教师的个体差异。卢湾中学教师发展性评价的基本原则是：(1)以现代教育理论为指导，采取科学合理的评价方法，评价过程民主化。(2)与奖惩制度脱钩。(3)全员评价、全过程评价、全方位评价。(4)定性评价与定量评价相结合，单项评价与综合评价相结合。(5)注重评价结果反馈。(6)考虑教师发展，面向未来进行评价。

这种有温度的评价，不仅是优化教师管理的重要手段，也是引导教师发展、激活教师发展内驱力，让教师从单打独斗、孤军奋战走向资源共享、跨界融合之路的有效措施，无疑为无边界课程的健康发展起到了推波助澜的作用。无边界课程改革呼唤教师评价的转变，通过评价的反馈、调控，促进每个教师提升适应性专长和跨学科教学能力，调动广大教师的工作积极性和创造性，最终达到全面提高育人质量的目的。

4. 激活文化：获取可持续成长的秘诀

组织变革需要文化的强力支撑，因为文化是变革行为的土壤。文化可以让志同道合的人走到一起。当个人的价值观、使命感与组织的价值观、使命感吻合时，可以推动组织正向发展。激活组织的内部文化，营造尊重创意的文化场和价值观，是学校获取可持续成长的秘诀。让参与变革的所有教师有发自内心的深切向往，有满腔的热情与活力，有主动参与变革的心愿，并把变革行动固定下来，不断形成学校新文化的一部分。

4.1 发动机文化：激活组织的强力引擎

联想控股董事局主席柳传志认为联想成功的秘诀，是企业完成了从齿轮文化到发动机文化的转变。发动机文化是激活组织文化的强力引擎。实践证明，在一个学校中，只要30%的老师做到优秀，那么他们将带动其余70%的老师共同进步。这30%的人就是学校变革所需要的"发动机教师"。面对新生事物，人们一般都有一个从抵触到认识、接受的过程，正如《汉书·艺文志》中所说"安其所习，毁所不见"。人们安于平静的熟悉的生活，对于未见未知的世界常常予以否定。我们在推进无边界课程改革时，也不可能取得所有教师的认同和参与，只有一小部分对于新生事物有敏锐的认知能力和开放包容的态度的老师会跟着你走。这时，我们需要团结这些关键教师，让他们先学习、先研究、先试验，激发这些教师的参与热忱，启动跨界学习计划。让关键教师参与到跨界学习和校本课程研发的过程中,并帮助这部分教师克服困难取得成功,让他们成为其他教师的榜样。这样在榜样作用的吸引下,将榜样周围的人吸引过来,不断地吸引投入,让更多的教师参与到校本课程开发中,最终实现这个学校的改变。这些"发动机"很重要,他们跑得快,后面跟得快;他们跑得远,后面跟得远,以此形成的文化,就是我们所说的发动机文化。

跨界学习之所以在卢湾中学取得成功,是因为跨界学习组织中的成员对于教育的热忱。在这些"发动机教师"身上,我们看到了热忱付出、德才兼备、不怕受挫、号召力强等重要人格品质。为了保障学校改革可持续发展,我们需要了解教师的专长特质,主动地发掘出适合带领大家学习的领头羊,培养更多优秀且具有热忱的教师,让大小的"发动机"能够在彼此合作与互信互助中脱颖而出。我们要邀请拥有"执着热忱"、"值得信赖"且具备"使命感"和"丰厚知识储备"等特质的关键教师担任跨界学习组织的召集人,让他们自带动力,自带光环地开展工作,往往能使研修活动顺利开展。

4.2 信任与宽容:合作创新的文化土壤

人与人之间的交往靠的是信任,组织的向心力也是靠信任,如果缺乏信任,组织就会像一盘散沙,纷争内斗互相倾轧,组织的愿景和目标就不可能实现。信任被认为是最重要,也是最基本的价值需要。在学习团队中打造信任和爱的文化,信任教师并授权给他们,会让教师对自己的使命和工作有认同感,激励他们在组织中实现自我的价值,毫无保留地贡献自己的智慧,进而有利于组织目标的实现和组织文化的创建。

信任是建设高效团队的核心要素。如果没有信任,团队合作将无从谈起。对于团队成员来说,信任应该是相互的,既要在伙伴关系中树立良好诚信,也要充分信任他人。其中,通过团建、交流加深彼此之间的了解是加强团队互信的有效方法之一,也是深化合作的基础。这里所说的了解,包括了解团队成员的个性特征、行事风格等,从而使成员间得以更好地磨合。其次,增加组织机构的透明度,让员工了解组织机构的运作模式和制度的制定和执行过程等,加强和完善信任双方的信息交流平台的建设,减少信任双方信息的不对称,提高成员对政策的理解和信任。这样才能消减制度执行过程中潜在的变故与误解,更好地稳定团队。

在文化建设上,以"宽容"来构建并引领学校文化同样至关重要。跨界学习型组织中,有来自于不同文化、不同价值观、不同学科、不同学段、不同领域、不同身份的学习者和专家。大家可能在价值认同、人际交往、思维方式以及行为方式等方面存在着根本上的差异。我们必须面对这些异同,允许建设性的冲突和分歧,在组织内部形成一种能够容纳不同观念的碰撞、异质思想的交锋、不同智慧的摩擦、各学科知识互补的环境。组织成员之间要学会容忍分歧,接纳不同意见的表达,理解彼此之间的"差异",欣赏彼此之间的"差异"的同时,要也学习彼此之间的"差异"。

除了容"异",还要容"错",即容许成员犯非恶意性的错误。"人非圣贤,孰能无过",创新需要容错试错的氛围,宽容失败、允许试错、责任豁免的"容错"机制,可以保护教师创新的积极性,鼓励教师做出改革创新的有益尝试。如果一味地苛求成功,则很容易束缚创新者的手脚,使人瞻前顾后,畏首畏尾,错失许多良机。宽容需要我们在情感上给予他们理解,在压力上一起分担,在政策上给予扶持。失败时的一声安慰、一句鼓励、一个微笑,也许能帮助创新者冲破黎明前的黑暗。在跨界学习型组织中建立信任与宽容,有利于厚植创新土壤,培育创新文化。

"无边界思维坊"是由一群拥有共同愿景的各学科教师组成的跨界学习组织,互动的频率和力度很大。在组织内部形成了一种能够容纳异质思想的碰撞、不同智慧的交锋、各学科知识的互补以及资源共同分享的开放性环境。在这种环境中,教师专业发展中的盲区逐渐缩小,发展的优势逐渐扩大。教师间彼此认同、相互接纳,不断吸纳新的理念,补充自身发展的不足,让每个人充分发挥自己独有的价值。

4.3 共生与众享: 跨界生长的文化基因

在教师专业发展的生态系统中,教师个体与个体之间、个体与群体之间相互作用,相互影响,形成多维度、全方位的共生关系。由于构成教师专业成长的环境是多元的、个体是异质的,不同的学科、年龄、学段等形成教师专业发展生态系统中的多样性因子。它们之间不是敌对关系,而是共生的"伙伴关系"。借助不同的认识取向、专业属性等多维度、多视角、多层次的合作与分享,实现能量和信息的流动;通过教学资源共享、观点的分享达到专业互补、技能互补的良好效果,促进教师专业发展;通过学科组、年级组以及校外专家组等不同群体间形式多样的对话、交流与合作等活动,最终实现知识的共享与共同的发展进步。见图 2-5,共生众享文化结构图。

图 2-5 共生众享文化结构图

共生众享文化是教师跨界学习能持续发展的推动力。在这一文化理念的导向下,学校建立了不同形式的教师跨界学习专业共同体,如"无边界思维坊"、"1+3+N 名师工作室"等跨界组织,将教师聚集在一起,为教师之间的相互交流和学习提供平台,使每个教师在同伴的互助和影响下,探讨工作中遇到的问题,分享自己的教学经验,行使课程开发权和教学决策权,在和谐共振中实现自我发展。跨界学习型组织倡导"知识共享",定期举办"跨界学习分享会",让每一个个体在分享成果,共享价值中感受到和大家一起成长的乐趣。教师间的跨界共生与成就众享,不仅可以使教师博采众长、开阔视野,更能促进教师由忠实的课程实施者向课程创生者转变,让教师由被动执行者向主动创造者转变。在这一文化场的影响下,团队成员相互适应、相互尊重,取长补短,成为一股无形的向心力。

下编 跨界学习的学校实践

第三部分　跨界学习的校本推进

1. 顶层规划：跨界学习方案的设计

学校推进跨界学习，不仅仅需要理念的倡导，更需要落地于实践的课程，只有如此，才能形成跨界学习长效推进机制，以课程引领教师，实现自我的超越，教师的专业成长。本节主要内容有：学校跨界学习课程的整体方案，以及围绕着整体方案的两个课程模块的设计。

1.1 跨界学习方案设计：满足教师的多元需求

跨界学习方案设计的基本方法参见本书的第一部分"跨界学习的基本认识"中的第三小节"如何开展教师的跨界学习"，以下是卢湾中学在跨界学习推进过程中的课程方案。

一、指导思想

以黄浦区"十三五"中小学、幼儿园校本培训课程若干意见为指导，根据颁布的《国家中长期教育改革和发展规划纲要》中"鼓励学校办出特色、办出水平，出名师，育英才"作为基本工作方针，在国家教育综合改革的大背景下，为适应新一轮招考制度改革的新要求，围绕学校的办学理念，开展教师跨界学习，以提升教师的专业素养和跨界思维能力。

二、学习目标

1. 通过研修，增强教育理论素养，明确教师专业发展的内涵，提升教师职业道德水准与育德的能力。

2. 通过研修，掌握跨界学习的理念，变革教学方法与教学行为，学习与借助信息化的教学手段，整合课程理念与课程实施，提高教师的课程开发能力和课堂教学能力。

3. 在研修中,促进教师养成教学反思的习惯与乐于合作的团队精神,实现阶段自主发展目标。

三、课程内容

(一) 跨界学习素养板块

为提升教师素养,促进教师"博学与精专相统一",把通识教育学习作为教师跨界学习的重要组成部分,从哲学社会与人文素养、自然科学与技术素养、美学艺术素养、实践能力素养等方面提升教师的素养。鼓励教师结合自己实际跨学科、跨专业自由选学,博学多识。聘请专家开设以下模块课程。

模块	讲座课程	目的	形式
一	文史知识与文化传承	培养人文情怀与使命担当	教师跨界读书会、沙龙、主题论坛等
二	社会文明与世界视野	学会转换视角与多元理解	
三	科学创新与技术革命	学会求实创新与体验实践	
四	艺术审美与艺术创作	增强审美意识和创作意识	
五	生态环境与地理科学	学会敬畏生命与保护环境	

(二) 跨界思维训练板块

思维是一种可以通过不断地学习而逐渐被掌握的技能。跨界思维训练模块旨在:一是通过不断地练习使用思考工具,掌握思考的方法和培养思考的习惯,培养老师的思维技能;二是开阔教师的视野,促进教师学会横向思维和创意思维,融会贯通地分析问题和解决问题。

模块	讲座课程	目的	形式
一	哲学思想与批判思维	学会批判思维与论证问题	头脑风暴、六顶思维帽、PMI 思维训练法等
二	柯尔特思维课程训练	关注创新思维的拓展和开发	
三	热点问题的研讨分析	培养案例分析和解决能力	

（三）跨界实践能力板块

立足学校课程改革项目《无边界课程的开发与实施》，开展学校无边界课程的开发与优化。以"整个世界都是教室"为课程理念，结合学校的办学特色和学生的基本情况，开发无边界课程，探索一条具有鲜明的时代特征和学校特色的校本课程建设之路。

利用信息化手段对传统课堂教学模式进行优化，培养移动互联网时代的数字化教师，实现课堂教学与信息技术的深度融合。

例：数字化教学师资培训

模块	设备	课时安排
阶段：基础应用层面+移动设备管理 目标：让教师对平板教学有初步的了解	授课对象：试点教师	
iPad 教学形式及课堂操作基础	iPad	2 课时
目标：对平板和互动教室环境进行管理	授课对象：管理教师	
iPad 移动设备管理	iPad&Mac	2 课时
阶段：信课整合层面 目标：教师学习使用基础的 Apps 教学软件，无线教学环境及电子教材制作方式，应用 iPad 进行课堂教学	授课对象：试点教师	
iPad 应用案例展示	iPad	2 课时
iPad 学科教学工具	iPad	8 课时
Mac 系统及主题式资源制作工具	iPad&Mac	14 课时
阶段：融合创新 目标：老师根据需求自由制作课件，重心转移到更多上课模式学习学科整合	授课对象：试点教师	
分学科教学应用	iPad&Mac	2 课时
说课+实际操作培训 PBL 模式	iPad&Mac	4 课时

四、课程实施

模块	内容	实施时间	学分	考核评价方式
跨界学习素养模块	文史知识与文化传承 社会文明与世界视野 科学创新与技术革命 艺术审美与艺术创作	5学年 一学期五次活动计1分，每次活动90分钟	3学年×2学分=6学分	● 沙龙活动反思 ● 学习、研讨 ● 内容纪要
跨界实践能力模块	实践研究项目：催生学生创新素养的无边界课程开发的研究 **阶段一：** **确立研究方向：**无边界课程建设整体框架设计及各个子课题确立 **阶段二：** **实施开展：**聚焦课堂实践，开发无边界课程 **阶段三：** **总结反思：**成果梳理汇总，形成经典课例，经验总结交流	3.5学年 一学期10次活动计2分，每次活动90分钟	14	● 案例、课例撰写 ● 课题、论文撰写 ● 课题成果推广 ● 编制校本教材 ● 成果展示
	互联网+时代教师信息技能与素养的提升	一学期8课时，计1分	1	● 应用App及互动平台使用培训
跨界思维训练模块	哲学思想与批判思维 柯尔特思维课程训练 热点问题的研讨分析	一学期5课时，计0.5分	5	● 反思总结 ● 交流讨论

五、学习形式

跨界学习中采用：主题派对式、问题研讨式、项目开发式、技能分享式、游戏体验式等模式。要求教师：

1. 掌握一项分享的技能：分享其实是跨界学习过程中很重要的一个环节，分享可以是学习的过程，可以是学习的结果，更可以是思维发展的过程。

2. 基于学习开展自我反馈：教师的跨界学习需要基于学习开展自我反

馈,这一形式一定要以输出或应用作为检测的前提,制造自我反馈的方法可以是撰写材料(例如学习心得、阅读摘要)、录制音频或影像等。

六、考核评价

1. 评价原则：遵循"评价主体多元化,评价方式多样化"的原则,强调培训"过程"与"结果"的统一。

2. 评价主体：教师自主评价；组织成员互评；学校行政主管部门评价。

3. 评价依据：

- 考勤表
- 学习、研讨内容纪要
- 研读教育、教学著作的学习笔记
- 教育、教学案例
- 教育、教学论文

七、保障措施

（一）组织保障：学校建立教师专业发展领导小组,以任务驱动为导向,引导教师打破学科壁垒、部门壁垒、学段壁垒等建立"去中心化"的跨界学习组织。

（二）管理保障：学校固定跨界学习时间,做到预先设定好学习的主题,学习的形式、学习的对象,跨界组织召集人作为引领者,做好相关培训的组织协调工作以及考核工作。

（三）制度保障：建立教师研修档案,采取激励性措施,对跨界学习研修及课程研发中表现突出的个人进行奖励。

（四）经费保障：每年确保一定的专项经费用于教师跨界学习；积极为教师外出考察、学术活动等提供经费保障。

1.2 戏剧模块课程设计：提升教师的人文素养

学校跨界学习整体方案只是跨界学习设计的一个整体框架,在具体实施的过程中,还需要将课程模块做进一步细化,形成可学习的课程内容,通过这样一个环节,一方面可以实现跨界学习的课程化,另一个方面也便于教师根据自身的实际需要进行选择。以下是旨在提升教师人文素养的戏剧模块课程设计。

一、课程概述

戏剧是由演员将某个故事或情境,以对话、歌唱或动作等方式表演出来的艺术,它是综合的、跨界的艺术。戏剧有四个元素即"演员"、"故事"、"舞台"和"观众"。本课程的受众即作为观众的不同学科的教师,通过赏析戏剧,在课程实施和分享中,提升教师的综合人文素养。

二、课程目标

(一)提升教师学科关联性的想象力:时代在进步,戏剧和戏剧观也在发展。这种发展的一个主要标志,就是戏剧在演出进行时和观众的关系愈加密切、互动愈加频繁。在某种程度上讲,现在的人们评论一部戏剧,肯定不能局限于戏剧编导、舞美和演员本身的优劣,而是必须包括观众参与、观众反应等各种综合元素的评价。观众参与、观众反应的方面可以有很多,观众想象力的引发、参与,是其中重要环节。作为观众的教师在戏剧的"仪式感"、"同情感"、"参与感"中发生想象力,其中"同化与顺应""接受与排斥""收敛与发散"这三个维度的想象力是作为观众的教师想象力深化提升的重要表现。这种在综合性艺术——戏剧中的想象力发生在跨界学习上则可以表现为对学科间关联性捕捉的灵感和敏锐度,所以不同学科教师观看学习戏剧过程中可以获得这种能力的提升。

(二)提升教师学科融合的判断力:就戏剧观众而言,可以让自己的判断力随着表演的进行与演员一起互相体认、彼此确认。如在观看现实主义戏剧时,观众的判断力可体现为情感的饱满和意识的激扬;在观看非现实主义戏剧时,观众的判断力体现为情绪的平稳和意识的冷峻;在观看其他一些需要观众明显介入或强势参与的戏剧时,观众判断力体现为情愫的洒脱和意识的坚毅。教师观看戏剧,也从戏台上发生的故事去认识社会、辨别美丑,戏剧的判断力也就自然成了教师的判断力。那么这种判断力体现在跨界学习中则是教师对于某些学科能不能融合,融合到什么程度,可以产生怎样的火花的判断力,是一种前瞻性的能力。

(三)提升教师教学的表现力:观众的表现力表面看是一种认知,实质上是一种过程,真正形成意义和价值的是在过程中即兴冲撞的思想火花。观看学习戏剧可以培养教师对空间位置的感知能力,表现在课堂可以是教室空间位置的感知和把握;观看学习戏剧可以增强教师在时间绵延方面的形象思维把握,体现在课堂是对课堂节奏、用时的把握;观看学习戏剧,教师对戏剧的情绪反馈和互动等等都可以起到增强教师的课堂表现力的作用。

三、课程内容

（一）戏剧认知理论基础

1. 中外戏剧史

① 中外古近代戏剧：中华文明,举世瞩目,"孟姜女哭长城""孔融让梨""四郎探母""窦娥冤"等民间故事大量涌现并被再三地演绎成为国学教材、戏剧演出,向民众和官员生动形象地诉说着生命跌宕、人伦是非、家国兴衰、善恶报应等忠孝礼仪的普遍性、重要性、准则性。中国戏剧从远古"公"演,鼓之舞之,全民欢腾到殷商"祭"祖,仪式尽心,等级森严;西周"优"施,情景各异,真假交织;春秋"礼"教,六艺治一,有为无为;秦汉"百"戏,官民同受,鞭辟入里;唐宋"贵"伶,梨园喜怒,拷问人性;元杂剧,悲欢离合,一曲唱尽;明清戏剧,恩爱情长,演绎如斯。一定程度上,这些戏剧可能是人们"清心操守"的指南针,家庭"顺其自然"的定心丸,社会"超稳定结构"的压仓石。当中国人在东方地平线"百兽起舞"时,地处爱琴海的古希腊人也在以自己民族独有的风韵进行着原始戏剧的狂欢活动,气候宜人的地理环境、开放洒脱的航海经济、理性动物的民主政治、酒神祭拜的仪式文化以及与埃及文明的隔海守望……所有这一切,都构成了希腊人成功运用戏剧载体发散自己生活的激情元素;自公元476年西罗马王朝覆灭,16、17世纪英国工业革命的爆发,史称"中世纪"的时间长达1 000多年。"黑暗的中世纪"虽然阻挠了科学和社会的进步,扼杀着具有创新思维的人文头脑,但在运用一切有利于控制民众思想和实行有效教化的载体上,政教合一的统治却也发现了包括戏剧在内的有效性。正是这一发现,使得戏剧的力量也在宣传宗教教义和宗教道德方面发挥了重要作用。这就是中世纪戏剧长期与宗教纠缠一起,成为传播《圣经》故事和进行道德说教的宣传工具的原因。宗教剧和世俗剧是中世纪为数不多,却给历史发展留下重要影响的两类戏剧;从文艺复兴开始,欧洲一扫中世纪学术与艺

术的沉闷创作风气,具有强烈人文主义的戏剧作品如雨后春笋破土而出,如意大利假面剧,让即兴表演走进寻常百姓家;英国莎士比亚的戏剧通过舞台人物的命运起伏告诫人们,生存和死亡的选择将会贯穿人的一生。再如法国古典主义与启蒙时代戏剧、德国浪漫和古典主义戏剧、欧洲现实主义戏剧等等。

② 中外现代戏剧:现代中国戏剧的发展中,它一再向我们揭示:凡一流的戏剧大师和戏剧作品所奉献给观众的,说到底就是一个人性和人的本质中极富魅力的精神世界。每一次新的戏剧进步、每一部好的戏剧演出、每一个杰出的戏剧人格,也无一不是围绕角色在人性和人的本质方面钻研表现方式,或抑扬顿挫,或起承转合。戏剧写人性和人的本质,人性和人的本质通过戏剧从而得到凝结升华——所有这一切,都离不开角色实践的前进步履;现代中国戏剧笔下的角色实践在前行之际,现代西方戏剧家笔下的角色也在变化。这种变化的一个主要特征是,除了哲学和其他社会思潮在表现自己对人生价值的思考外,戏剧也以自己独特的形式,用舞台角色表现了一幕幕人生沉浮、历史兴衰的价值选择、价值冲突。物质文明的每一个进步,在给人们带来巨大实惠的同时,也必然会给人的精神发展和人格完善提出新的、严峻的挑战,这也使现代西方戏剧在 20 世纪出现了令人目不暇接的变化。

2. 戏剧分类之喜剧与悲剧

戏剧经历了古今东西,其种类和内容都是千差万别的,分类具有多样性。有时按照历史顺序区分,可以分成古代剧、中世纪剧、近代剧和现代剧;有时按戏剧动机区分,可以分为命运剧、境遇剧和性格剧。可是,由于这些大抵是后世给予的分类名称,其分类标准和角度各不相同,因此戏剧分类是多种多样的。

按戏剧情节开展分类有悲剧、喜剧、笑剧、悲喜剧、流泪喜剧、解决剧、情节剧等。悲剧与喜剧,原是指以古希腊戏剧原则为基础的古典主义戏剧中的戏剧形式,但它们的区别,不只在于前者的结局是悲惨不幸的,而后者的结局则是幸福滑稽的这一点上,还在于悲剧以王侯贵族、武士勇夫为主人公,是严肃崇高的戏剧,与此相反,喜剧则以庶民百姓为主人公,是粗俗滑稽的戏剧。

从主人公的社会阶层来看,悲剧同喜剧也形成了两个截然不同的戏剧世界。

① 喜剧

喜剧是戏剧的一种类型,一般以夸张的手法、巧妙的结构、诙谐的台词及对喜剧性格的刻画,从而引人对丑的、滑稽的人物情节予以嘲笑,对正常的人生和美好的理想予以肯定。喜剧源于古希腊,由在收获季节祭祀酒神时的狂欢游行演变而来。在喜剧中,主人公一般以滑稽、幽默及对旁人无伤害的丑陋、乖僻形象,表现生活中或丑、或美、或悲的一面。由于艺术家表现的角度不同,手法不一致,所以,喜剧可划分出不同的类型。其中包括讽刺喜剧、即兴喜剧、幽默喜剧、欢乐喜剧、正喜剧、荒诞喜剧与闹剧等。喜剧的体现形式主要是讽刺和幽默。讽刺大多用于否定性的内容,它是以真实而夸张或真实而巧妙之类的手段,极其简练地把人生无价值的东西撕破给人看,启发人们从中得到否定和贬斥丑的精神和情感愉悦。喜剧的艺术特征是"寓庄于谐"。"庄"是指喜剧的主题所体现的深刻社会内容;"谐"则指主题思想所赖以表现的形式是诙谐可笑的。在喜剧中"庄"与"谐"是处于辩证统一的状态。失去了深刻的主题思想,喜剧也就失去了灵魂;但是没有诙谐可笑的形式,喜剧也就不能成为真正的喜剧。因而喜剧对丑的东西的批判总是间接而又意味隽永的,它往往要调运审美主体的积极情感去抨击丑的事物,在嘲笑中显出正义的力量,达到批判的效果。因而在表现手法中喜剧善用倒错和自相矛盾的技巧,在倒错的形式中显示真实。如《红楼梦》中宝玉、薛蟠等人行酒令一场,呆霸王胸无点墨,粗俗不堪,却偏偏附庸风雅,急得万般无奈,抓耳挠腮,终于闹出了"绣房里钻出个大马猴"之类的喜剧。这个滑稽可笑的情节正是绝妙地讽刺了这个恶少丑的形象,他的伪装斯文掩盖不了自己粗俗无赖的本质,因而这种欲盖弥彰的倒错更为可笑。这种手法不仅表现在喜剧中,在悲剧中它也表现为喜剧的效果。如《窦娥冤》中的县令桃杌给告状的张驴儿下跪叫他衣食父母的情节,这种极端突出地夸张生活中的倒错的现象也能创造出绝好的喜剧效果。这类倒错巧合、误会的手法也常用在歌颂类的喜剧中,如《女理发师》、《五朵金花》等。

从受动与施动的角度说,比如周星驰的电影《功夫》,阿星是个小人物,也是个小丑,影片的前半截都是展示他作为小丑的各种丑态,其中他出手帮了哑女一段,却遭到了以尿浇顶的羞辱,这场戏很感人,完全是悲剧的。而周的电影确实是喜剧,因为悲剧主人公不可能达成凤愿,喜剧主人公却可以,无论以何种方式,我们要知道喜剧不只是一种类型,喜剧的主人公可以是小丑,他给观众带去了笑声,也把苦涩留到了笑声之后。

喜剧与喜剧创作者的天性、本能有很密切的关系;也正是喜剧出自天性、本能,所以创作者可以淋漓尽致地发挥自己的艺术想象力和创造力,同时又显得"悠闲奢侈",天性、本能是不假雕饰、纯真自然的,所以能吸引人、打动人,这也是喜剧中的浪漫灵魂。

② 悲剧

悲剧,描写主角与占优势的力量(如命运、环境、社会)之间冲突的发展,最后达到悲惨的或灾祸性的结局,多比喻不幸的遭遇是戏剧的主要类型之一,以表现主人公与现实之间不可调和的冲突及其悲惨结局为基本特点,如《窦娥冤》、《梁山伯与祝英台》等。《哈姆雷特》、《奥赛罗》、《李尔王》、《麦克白》,故事均取自欧洲的历史传说。均表现人文主义理想与现实社会恶势力之间的悲剧性冲突及理想的破灭。自19世纪始,它们被公认为莎士比亚的"四大悲剧"。

又说悲剧是"把人生有价值的东西毁灭给人看","有价值"是指悲剧所表现的事件、人物及其命运的过程是有意义的,值得深思的;"有价值"也就是"有意义",相对于喜剧的"无意义"。但是,就悲剧、特别是古典悲剧的结局而言,又常常表现为"无意义"。也就是说,与我们通常理解的不同,悲剧应该是无意义的。我们在悲剧中最终得不到一个可靠的、可信赖的意义,悲剧最终给我们的是一种意义被抽空的虚无感。

一般来说,亚里士多德的《诗学》奠定了古典悲剧的基本理论。在他为悲剧所下的定义中,悲剧包含四个基本要素:第一是悲剧要有一个中心人物,他是个高贵、能引起同情和认同的人物;第二是这个人物应该遭受痛苦,最好是死亡,并且他的失败和死亡应该与悲剧的结局大体一致;第三是悲剧主人公的失败和死亡应该让观众感到既是不可避免的,"合适的",同时在某种意义上又是不正当的、不可接受的;第四是悲剧不只是以悲剧的方式向我们描写主人公的死亡,通过将自己与死去的悲剧主人公相联系,我们也受到悲剧的引导,去思考我们自己的死亡。

(二) 戏剧欣赏与分析

1.《牡丹亭》:是明代剧作家汤显祖创作的传奇(剧本),刊行于明万历四十五年(1617年)。该剧描写了官家千金杜丽娘与梦中书生柳梦梅倾心相爱,竟伤情而死,后化为魂魄寻找现实中的爱人,人鬼相恋,最后起死回生,终于与柳梦梅永结同心的故事。该剧是中国戏曲史上杰出的作品之一,与《西厢记》《窦娥冤》《长生殿》合称中国四大古典戏剧。该剧文辞典雅,语言秀丽。

2.《玩偶之家》:三幕话剧,是易卜生的代表作,主要写主人公娜拉从爱护丈夫、信赖丈夫到与丈夫决裂,最后离家出走,摆脱玩偶地位的自我觉醒过程。《玩偶之家》曾被比做"妇女解放运动的宣言书"。剧本结构紧凑,情节集中。全剧采用追溯的手法,通过债主的要挟,海尔茂收到揭发信,交代剧情发展的关键事件娜拉伪造签名,然后集中刻画他们冲突、决裂的过程。

3.《哈姆雷特》:英国剧作家威廉·莎士比亚创作于1599年至1602年间的一部悲剧作品。戏剧讲述了叔叔克劳狄斯谋害了哈姆雷特的父亲,篡取了王位,并娶了国王的遗孀乔特鲁德,哈姆雷特王子因此为父王向叔叔复仇。《哈姆雷特》是莎士比亚所有戏剧中篇幅最长的一部,也是莎士比亚最负盛名的剧本,具有深刻的悲剧意义、复杂的人物性格以及丰富完美的悲剧艺术手法,代表着整个西方文艺复兴时期文学的最高成就。

4.越剧《红楼梦》:林黛玉幼失双亲,千里迢迢投奔到外祖母家,表兄贾宝玉与她两小无猜,情投意合。宝玉的父亲贾政望子成龙,但宝玉却蔑视功名利禄,与"戏子"琪官结交,由此贾政几乎把宝玉打个半死。宝玉伤愈,黛玉去访他,晴雯恰巧因心中不快而拒绝开院门,黛玉以为宝玉故意不开门,看到落花飞舞,黛玉触景伤情地独自担着花锄在园中葬花,悼惜着落花的命运,宝玉见此情景后,向她吐露心曲,两人不仅前嫌尽释,而且互将对方视作终身知己。然而,在家长们的眼里,"宝二奶奶"的理想人选是薛宝钗,认为这是"金玉良缘",但又恐宝玉闹出事来。于是,王熙凤献上了一个巧妙的"掉包计"。黛玉得到傻丫头泄露宝玉娶宝钗的消息,受到了严重的打击。黛玉在病中焚了诗稿,结束了生命。当宝玉发现新娘不是黛玉而是宝钗后,他不顾一切地去找寻黛玉。但黛玉已魂归离恨天，宝玉在黛玉灵前放声恸哭后，离开了贾府。

5. 话剧《雷雨》：此剧以1925年前后的中国社会为背景，描写了一个带有浓厚封建色彩的资产阶级家庭的悲剧。剧中以两个家庭、八个人物、三十年的恩怨为主线，伪善的资本家大家长周朴园，受新思想影响的单纯少年周冲，被冷漠的家庭逼疯了和被爱情伤得体无完肤的女人繁漪，对过去所作所为充满了罪恶感、企图逃离的周萍，还有意外归来的鲁妈，单纯爱与被爱的四凤，受压迫的工人鲁大海，贪得无厌的管家等，不论是家庭秘密还是身世秘密，所有的矛盾都在雷雨之夜爆发，在叙述家庭矛盾纠葛、怒斥封建家庭腐朽顽固的同时，反映了更为深层的社会及时代问题。

6.《青鸟》：比利时戏剧家莫里斯·梅特林克创作的戏剧。该剧描写了樵夫的孩子蒂蒂尔和米蒂尔在圣诞节前夜受仙女之托为邻家生病的女孩寻找青鸟的经历。他们到了思念之国、夜之宫、森林和墓地，又来到了幸福国和未来王国。他们找到的青鸟不是改变了颜色就是死掉。最后，他们发现，自己家的斑鸠就是青鸟，它治好了女孩的病，并且飞走了。兄妹俩也在这一次历险中领会到了幸福的真谛：原来青鸟就在自己家里，而幸福，就在身边。只有甘愿把幸福给别人，自己才会感到幸福。该剧通过两个小孩寻找青鸟的故事反映了作者对穷人生活的同情、对现实和未来的憧憬。在剧中各种动植物、各种思想情感、各种社会现象、甚至抽象的概念和未来的事物都拟人化了，具体而形象地给读者以启迪。

（三）戏剧表演与实践

跨界学习教师分角色排演话剧《雷雨》片段，并展示。

1. 主要人物

周朴园：周萍的父亲，繁漪的丈夫，煤矿公司董事长。狡猾而世俗的资本家，在家庭生活中，他又是个封建家长。

繁漪：周朴园的妻子，与继子周萍私通，繁漪乖戾阴鸷极端的性格形成，反映了封建势力的罪恶，揭露了专制统治的封建家庭对人性的摧残、扭曲。

鲁侍萍：鲁贵之妻，四凤之母。三十年前在周家做女佣与周朴园生下周

萍和鲁大海两子,后周萍留在周公馆,她带着大海嫁与鲁贵。

周萍:周朴园的长子,一度是继母繁漪的情夫。他精神卑下,意志薄弱,缺少一般人所具有的善良品德。在不知情的情况下和四凤是恋人关系。

鲁四凤:鲁侍萍与鲁贵之女,在周公馆当女佣,与周家大少爷周萍是恋人关系。

鲁大海:鲁侍萍与周朴园之子,在周朴园的煤矿公司工作,受压迫的工人,有反抗精神。

周冲:周朴园与繁漪之子,还不成熟的青年人。

鲁贵:鲁侍萍之夫。

2. 主要剧情

雷电交加之夜,两家人又聚集于周家客厅。周朴园以沉痛的口吻宣布了真相,并令周萍去认母认弟。此时周萍意识到了四凤是自己的妹妹,大海是自己的亲弟弟。四凤羞愧难当,逃出客厅,触电而死,周冲出来寻找四凤也触电而死,周萍开枪自杀,大海出走,侍萍和繁漪经受不住打击而疯,周朴园则一个人在悲痛中深深忏悔。

四、实施策略

(一)理论学习阶段:用时约一个月,每周邀请相关专家开设专题讲座,跨界教师集体聆听并做好讲座笔记和聆听心得书面小结。

时间	讲座主要内容	地点	学习反馈
周五下午	什么是戏剧？ 中外古近代戏剧 中外现代戏剧 戏剧表演	会议室	讲座笔记 聆听心得

（二）经典剧目欣赏与分析：用时一个半月（六周），每周固定时间组织跨界教师观看经典剧目一部，并要求教师每次做好剧中人物的性格、命运阐述与分析（人物任选）。

时间	剧目	地点	学习反馈
周五下午	《牡丹亭》 《玩偶之家》 《哈姆雷特》 越剧《红楼梦》 话剧《雷雨》 《青鸟》	会议室	剧中人物性格、命运阐述与分析（自选人物）

（三）经典剧目片段排演与展示：组织跨界教师排演话剧《雷雨》片段《雷雨之夜》，其中第一周演员选择、用四周时间（每周两次）进行排演，邀请相关专家进行表演培训和指导、最后一周进行全校性展示，专家点评。此学习阶段用时六周。

（根据相关资料编写）

（杨海蓉）

1.3 思维模块课程设计：提升教师的思维品质

跨界学习的目标之一是提升教师的思维品质，这在本书第一部分已经做了相关的论述，本处不再赘述。以下是学校尝试着以两节思维训练课，来改变教师思维方式的课程活动。

一、课程概述

英国剑桥大学认知研究基金会主任爱德华·德波诺,根据思维理论和丰富的思维技能教学经验,于20世纪70年代编写了《柯尔特思维课程》。该课程对世界许多国家都产生了很大影响,目前已广泛应用于英国、加拿大、爱尔兰、澳大利亚、新西兰、委内瑞拉等国的学校。

柯尔特思维训练课程由6大部分构成,每部分有10个思维方法或练习环节。它包括了人类几乎所有的思考环节。整个课程由一个个思维方法和思考场景组成,帮助我们针对不同的问题,学会采用不同的思维方法来分析解决,所以它的实用性很强。

下面要介绍给大家,并请大家掌握的,是柯尔特思维训练课程中比较基础和核心的两种思维方法:PMI思维法和CAF思维法。

二、PMI思维法的学习

【引入】

在早晚高峰时段挤公共汽车是绝大部分人都有过的经历。当你在公共汽车中被挤得动弹不得,连呼吸都有些困难的时候,你想改变这种状况的愿望一定特别迫切,如果此时有人提出了一个解决问题的想法:"把公共汽车里的座位都拆掉,就能载更多的人了。"

你对这个建议持什么态度呢?

假如你对上述有关公共汽车的问题没有做过多考虑就认为这种做法行不通,对其嗤之以鼻,亦或是你认为这种做法简直棒极了,最好马上就实行,那你很可能会失去一个有意义的创新跳板。

人们对于一种观点的本能反应是:喜欢或不喜欢,赞同或不赞同。如果你喜欢或赞同一种观点,你一般就会忽略它的消极因素或负面因素。同样,如果你不喜欢或不赞同一种观点,你也很可能会忽略它的积极因素或正面因素。而且你一般不会单独挑出这些观点有趣的或有建设性的方面。这些做法就会导致你看问题带有片面性。

学会用PMI思维方法处理观点或建议,会使你避免上面所提到的不足。

【什么是 PMI 思维法】

PMI 思维方法是一种对观点或建议进行全面分析的思维方法。

P(Plus)：这种观点或建议的优点或是有利因素。也就是说，你为什么喜欢或赞同这种观点或建议。

M(Minus)：这种观点或建议的缺点或是不利因素。也就是说，你为什么不喜欢或是不赞同这种观点或建议。

I(Interest)：兴趣点，这种观点或建议让人感兴趣的方面，或者既不是优点也不是缺点的方面。

PMI 思维方法不会阻止你对一种观点或建议做出判断，它只是确保你在对一种观点或建议的各方面都已经充分考虑之后再做出决定，使你有充分的理由赞同或不赞同这种观点或建议。

有意识地运用 PMI 思维方法，可以避免我们通过直觉来评价一种观点或建议，可以使我们更全面、更有技巧地考虑问题[1]。

【操作注意事项】

1. 先思考 P(优点)，再思考 M(缺点)，最后思考 I(兴趣点)，而不是等全部写出来之后再分 P、M、I，一定要注意哦。

2. 既不算优点，又不算缺点的，你就把它归到兴趣点。只要你觉得有趣的地方，就叫兴趣点。它可以引起我们思考的兴趣和注意，还可能引出别的观点，这就是它的价值。

3. 如果你觉得它既算优点，又算缺点，就在两个地方都写上。

【范例】

把公共汽车上的座位都拆掉。请用 PMI 思维方法来分析这个观点。

P(有利因素)：

1. 每辆车上可以装更多的人

2. 上下车更容易

3. 制造和维修公共汽车的价格会更便宜

4. 公平

---

[1] (英)波诺.《柯尔特教程(上下)》[M].北京：新华出版社.2002：7.

5. 便于清洁打扫

6. 环保

7. ……

M(不利因素)：

1. 如果公共汽车突然刹车,乘客会摔倒。

2. 老人和残疾人乘车时会遇到很多困难。

3. 上车携带挎包或者小孩会有诸多不便。

4. 路途长的会觉得很累。

5. ……

I：兴趣点

1. 可生产两种类型的公共汽车,一种有座位,另一种没有座位。

2. 同一辆公共汽车可以有更多的用途。

3. 公共汽车上的舒适度并不重要。

4. 座位可以收放就好了。

5. ……

【练习】

请用PMI思维方法分析以下观点：

1. 语文学科：毕淑敏写过一篇文章叫《我很重要》,题目"我很重要"就是她的观点,有两个关键词："我"和"很重要"。强调"我"的重要性,不是比较重要,而是"很"重要。联系自身实际,你怎么看待"我很重要"这个说法,受到了什么启发？

2. 化学学科：在做化学实验时,只用带刻度的烧杯作为反应容器(试管、烧瓶、锥形瓶等其他反应容器一概不用)。请你分析一下这个想法。

3. 科学学科：科学家发现动物体内有一种成肌细胞可以用于制造人造肉,美国研究人员从火鸡中提取成肌细胞,将他们浸泡在牛血清营养液中,营养液盛放在甲壳素制成的支架上,结果这些成肌细胞就长成了一条条火鸡肉。再如,荷兰研究人员利用干细胞制造人造肉等。多个国家的人造肉研究引发了科学家、社会学家和普通老百姓的热议。请问你对生产人造肉这个事情怎么看？

4. 教育管理：要把一个班的所有家长集中起来，每月一次对其进行家庭教育培训，互相交流教育心得。从老师角度出发，你觉得这个提议怎么样？

【小结】

1. PMI思维方法是柯尔特思维训练课程的基础，一定要学好。

2. 运用这种思维方法可以改变你只凭直觉对一种观点或建议做出评价的习惯，使你在现实生活中能抓住更多的机遇。

3. PMI将提高你对事物的决策能力。要在实践中自觉地运用这种思维方法。

三、CAF思维法的学习

【引入】

材料一：某大城市几年前有一条法律：所有的新建筑必须建造大型地下停车场，为楼内所有上班的人提供停车位。这条法律过了一段时间被修改了，因为人们发现这是一个错误。为什么呢？

因为他们忘了考虑一个因素：提供停车场会鼓励人们自己开车上班，这样马路上的塞车会比以前更严重。

材料二：2009年10月31日午夜的冰岛，麦当劳在结束这一天营业的同时，也结束了在冰岛长达16年的营业史，全面退出冰岛市场。很多人感到难以理解，因为麦当劳在冰岛一直很受欢迎，每到午餐时间都人潮汹涌，看起来很有人气，为什么就这样退出呢？真正的原因很多人都没有想到：

冰岛位于大西洋中部，农业不发达，大部分农产品来自德国，其中就包括必不可少的食材——洋葱！然而，麦当劳于1993年决定在冰岛开设分店时，并未对此做过详细调查，想当然地认为洋葱是一种随处可见的便宜蔬菜。到开张之后才发现，冰岛的洋葱简直贵得离谱，购进一个普通大小的洋葱，需要卖掉十几个巨无霸汉堡包才够本！

后来，虽然打着薄利多销的口号，但麦当劳在冰岛的生意一直是表面红火，实际利润十分微薄。2009年金融风暴来袭，冰岛克朗大幅度贬值，欧元逐渐走强，加之进口食品税率提高，直接加大了麦当劳的经营难度。最离谱的时候，购买一个普通的洋葱竟然要花掉购买一瓶上等威士忌的钱，这也直接导致了麦当劳最终退出冰岛。

相信每个人都有这样的经历：在做出一个决定并付诸实施后会觉得后悔。这就说明一个问题：你在做这个决定时一定遗漏了什么因素，所以得到的结果和你想象的并不一致，甚至南辕北辙。为了避免这种情况的发生，你的正确选择就是：学会 CAF 思维方法并正确地运用它。说得再具体些，就是在你做出买房子、买汽车、换工作、报考志愿、投资做生意等决定前，学会 CAF 思维方法并正确运用它。

【什么是 CAF 思维法】

CAF(Consider All Factors)的意思是"考虑所有因素"。因此，CAF 思考法又称考虑所有因素思考法。CAF 思考法要求思考者在考虑某件事的时候，应当考虑有关的所有因素，从而尽量避免遗漏关键因素。

这种思维方法的运用与行动、决策、计划、进行判断和做出结论紧密相关。

在做出一项决定时，人们会很自然地认为自己已经考虑到所有的因素了，但实际上人们通常只考虑到那些很明显、一眼就能看到的因素，这是因为人们在做决定时把注意力放在了因素的重要性上。

要学会首先把注意力从因素重要性上转移到寻找所有因素上。把所要考虑的因素限定在 10 个重要的因素之内（即至少说出 10 个因素），或者按照分类进行寻找。所有的因素都可以分为以下三类：

1. 自身的因素（与事情自身相关的因素）
2. 他人的因素（与事情直接相关的他人的因素）
3. 社会的因素（与社会间接相关的因素）

学习 CAF 思维法的着重点在于找出在做决策、计划时遗漏的因素，直到确认所有重要的因素都被考虑到了[1]。

【CAF 思维法与 PMI 思维法的区别】

PMI 是对一个已确定的观点进行思考，而 CAF 是在得出观点之前对各种情况进行分析和研究。

这两者有时候互相交叉，因为有些必须考虑的因素很明显也有优点或缺

---

[1] （英）波诺.《柯尔特教程（上下）》[M]. 北京：新华出版社. 2002：7.

点。CAF 的目的在于尽可能完整地考虑所有的因素,而不是仅仅找到有利或不利的因素。

【操作注意事项】

1. 每个题找出 10 个你认为重要的因素(养成 10 限额的习惯)。先把马上想到的写下来,再把重点放在"被遗漏了什么?",以及"我们还应该考虑到什么?"之上。

2. 可以从自身的因素(与事情自身相关的因素)、他人的因素(与事情直接相关的他人的因素)、社会的因素(与社会间接相关的因素)这三方面着手寻找。也可以从外因、内因,或主观、客观,或个人、社会、家庭等不同方面分类去寻找。

3. 必要时可求助于他人。让别人帮你看看,你遗漏了哪些因素。这一点很重要,因为你不一定是这方面的行家。

【范例】

有一对夫妇为家里买了一辆二手车,做出这个决定前考虑了以下因素:

1. 卖车的人是否对汽车享有所有权;(自身的因素)

2. 汽车的价格;(自身的因素)

3. 汽车的款式和颜色;(自身的因素)

4. 发动机的功率和汽车的速度;(自身的因素)

5. 汽车内的所有机械装置是否运行良好;(自身的因素)

6. 车内的空间是否足够全家使用。(自身的因素)

这对夫妇可能还遗漏了一些因素,比如说:

1. 虽然他们付得起买车的钱,但他们是否能承受日后这辆车的维修保养及汽油等日常费用?(自身的因素)

2. 自家有没有停车位可以停?(自身的因素)

3. 其他家人,例如孩子或父母,会不会喜欢这辆车?(他人的因素)

4. 周围人如何看待他们买二手车的事。(他人的因素)

【练习】

请用 CAF 思维方法考虑以下问题:

历史学科:明永乐三年六月,三宝太监郑和受明成祖朱棣之命下西洋,开始了一场声势浩大、旷日持久的海上远航活动。如果你是明成祖朱棣,在决定开始这次下西洋行动之前,需要考虑哪些因素?

其他学科:在设计一把椅子时,需要考虑哪些因素?

其他学科:如果你想购买法院拍卖房,你需要考虑到哪些因素?

【小结】

1. 你应该在做出选择、决定或计划之前运用CAF思维方法。

2. 你应该求教于他人,请他们告诉你是否遗漏了一些重要因素,这非常重要,因为你未必熟悉问题所涉及的领域。

3. 如果你遗漏了一个重要因素,你的答案当时看起来可能是正确的,但结果却可能是错误的。

从逻辑上讲,有人也许会说应该把CAF放在PMI思维方法之前讲述,因为CAF包含有PMI思维方法,但是,PMI思维方法课程更容易学,所以它最先出现。CAF难以进行学习,因为试图考虑所有因素很困难。因此,重点应该放在那些被遗漏的因素上。

(根据相关资料编写)

(吴静君)

2. 组织创新:跨界学习团队的再构

2.1 五大团队:丰富跨界学习的组织形式

(1) 无边界思维坊

"无边界思维坊"成立于2013年,由二十多位各学科骨干教师组成,涵盖了学校所有学科。它是一个研究跨界教学的创新团队,是一个集聚了多个学科教师的学习共同体。他们打破学科的横向壁垒,突破年级学段的纵向屏障,开展无边界教研活动。"无边界思维坊"的成员每周会有一次聚会,大家带着自己的问题和思考一起探讨、一起思考,通过交叉融通、整合教材、优势互补、协作开发,开创了多门"无边界课程",带给学生多角度、多视角的全新课程体验。"无边界思维坊"不仅是坊内教师之间的学习交流,还聘请了社会各界精英人士、教授学者来校授课,以此拓宽教师的视野,增进教师的知识。

无边界思维坊强调在轻松的氛围中,围绕某个主题,通过一定的讨论及分组换组模式,创造真诚对话的契机。它既是一种深度会谈的方式,更是一个集体智慧创造的过程。它引导协作对话、分享知识并创造行动的可能性,从而产生团体智能。作为一个跨学科组织,无边界思维坊的成立首先是以问题解决为导向的。只有当问题出现了,才会有为解决问题而成立的跨学科组织。问题是超出单一学科范围的,所以寻求解决问题的方法也不能局限于单一学科,需要来自不同学科,有不同学术背景的研究人员一起探讨,谋求最佳解决办法。其次,无边界思维坊这个跨学科组织是一个具有动态开放性和前沿开创性的组织。思维坊里所探讨的问题都是很前沿的,不隶属于任何学科,其以灵活多样的方式连接了不同学科的老师,来自不同学科的老师们是流动的,且都是平等的,可以因某一问题的产生而聚集,也可以因某个问题的解决而离开,在这种自由的氛围中进行新兴问题的研究,有利于创新思维的产生与培养,有利于不同思想的交流融合,因此产生了大量前沿的理论与技术。再次,无边界思维坊这一跨学科组织既可以是实体也可以是个虚体。实体性的固定研究场所定在学校二楼"无边界思维坊"办公室,固定的空间有利于聚集在一起进行研究,有利于良好团队协作能力的形成。而网络的发展跨越了空间的距离,思维坊的老师们可以利用先进的信息技术、网络资源进行交流与合作,灵活便捷的方式更有益于随时吸收借鉴他人不同的看法观点,接受新的思维,有利于创新突破。在无边界思维坊里每名成员得以提出研讨主题、创造宜人环境、探究相关问题、鼓励每个人的贡献、糅和不同的观点、聆听洞察问题并加深对问题的理解、接受并分享共同的发现,强调每一名参与者的智慧贡献,使其感受到组织强大的凝聚力,在平等、安全、和谐的氛围内进行交流和分享。在该环境内,参与者主动做出承诺,勇于承担责任,并愿意把工作坊成果传递给其他人,从而推动团队共创。

与一般培训相比,无边界思维坊具有鲜明特点与其相区分。首先,无边界思维坊不是培训。传统培训更多以单向内容灌输形式学习,而无边界思维坊不仅强调组织者的资讯分享,更强调参与者多元互动,使得思想与观点的交流更充分。其次,无边界思维坊不是会议。会议或研讨会的议程安排往往多而复杂,研讨议题众多,分享嘉宾时间有限,参与者往往感觉被流程赶着走,对研讨内容很难有充分的吸收。最后,无边界思维坊现场产出成果。工作坊每次聚焦一个或 2—3 个关联性强的主题,通过组织者对流程设计和输入,引导全员充分互动,并通过案例引发每位参与者形成创新策略与实施路径,最终达到目的,产出成果。

(2)"科学创智 Home"

该团队成立于 2014 年,以综合理科教师及科技辅导教师为主,其他老师为辅,主要负责开发科学类校本课程,整合初中阶段理科实验,指导学生参加科技类竞赛等。为让"科学创智 Home"的教师们进行跨界学习产生归属感,激发教学灵感,并拓展学生学习科学知识的空间,学校积极构建符合师生分层分类需求和多样化发展的"学习场",先后建设了"玩转实验站"、"科学视界"、"卢湾梦工厂"3 个创新实验室和 1 个未来学习教室。学校建设的"科学视界"创新实验室是一个以催生跨界教师知识创想、丰富学生科学体验与探索经历为核心的创新实验室。这个学习场的学习是为教师、学生量身打造的:教师们可以在这里进行头脑风暴,分享对本学科或其他学科的知识体悟,并召集一批能够进行课题研究的学生从事探究性研究,以此来培养他们的能力与个性,选修的学生也可以拓展兴趣,普及科学知识。这是一个新型开放的学习"场"。这里有启智墙、科探角、魔幻球、神秘顶、炫酷地……在这个学习"场"中,整合了科学、物理、地理等学科内容,丰富了课程的教学资源,课堂教学中学生感兴趣的实验和现象在此空间中得以深入开展学习,为学生提供了一个继续探究的平台。教师们通过跨界学习,在"科学视界"创意空间里设计了一系列阶梯式的课程。"玩转实验站"是集动物学、植物学和环境学于一体的生命科学综合实验室,教师们在综合实验室里进行跨界学习交流,向学生提供 34 个基础实验、16 个拓展实验和 15 个探究实验课程。"卢湾梦工厂"聚集了一批热爱摄影的信息老师、数学老师,两位老师带领学生开展校园专题拍摄、创意微电影制作等活动,创作出更多受学生欢迎的校园影视作品,培养他们的人文艺术素养、实践能力和创新意识。未来学习教室通过多墙面多功能显示屏、内嵌数字终端的交互桌子、平板以及组合桌椅,以多变、个性的物理空间实施分区分任务的教与学,真正实现让学生个性化的自主学习。

这些有助于师生开展跨界思维活动的学习场,让师生获得跨界思维的经历和体验。在这些学习空间里集聚了多学科教师,他们通过跨界协作,融通整合教材,带给学生多角度、多视野的课程学习。这种具有创新精神、共享意识、互助品质和实践能力的跨界教师们,根据各个学习空间的属性、作用开发了适应学生学习、成长的课程。

(3)"1+3+N"工作室

为了打破成熟教师缺少创新,年轻教师缺乏经验这一现象,学校成立了"1+3+N"的知识共享团队,构建了由一个专家、三名骨干教师、N名青年教师组成的"经验+创新"的学习共同体。重点遴选三名教学经验丰富的骨干教师,及一批有创新意识的青年教师在专家的引领下开发教学资源,推进教学研究。老中青相结合,实现了年龄结构互补、经验互补、知识互补、思维互补,促进了教学上的传、帮、带,帮助青年教师尽快走出困惑期、度过磨合期;同时也因为青年教师的参与为团队注入了创新活力。

(4)"酷课·创学"中心组

"酷课·创学中心组"成立于2013年,由学校里信息技术能力较强的骨干教师组成,成员们跨越时空的边界,开启了对微视频互动教学平台的实践研究,推进教师学习实现混合式交互环境下线上线下的学习互动。借助微博、微信、数字化平台,学校为教师学习提供更完善的教学服务和管理服务,使教师的教与学不再受地域、时间的限制。中心组成员尝试将平板电脑引入课堂,通过完善与建设平板互动教学平台、课堂互动平台、无线多媒体教学系统、课件制作系统等设备,推进和实现混合式交互环境下信息技术课堂的实践,最终使课堂教学与学生学习终端完成线上学习的混合。中心组的老师们在制作每一个微视频之前,总要和中心组其余学科老师一同探讨学科知识点,将知识点碎片化,力图使制作的视频内容更短小精悍,教学信息更清晰明确,教学目标更精准,在此基础上再将录制好的微视频进行共享交流。智能平板作为教学移动平台,使教与学不再受地域、时间的限制,随时、随地、随需的学习将在提高课堂教学效率、尊重学生的主体地位和个性化教学方面起到实际的促进作用。教师在共同体中互相学习、互相碰撞,在思维的火花中找寻灵感,在突破时空的实践中逐渐成长。

(5) 青年教师创意沙龙

幸福的教师才能培养出幸福的学生。"青年教师创意沙龙"是我校的特色群体组织,是学校最有活力、最靓丽的一道风景线,由35周岁以下的青年教师组成,通过富有创意的活动,相互学习,彼此交流。他们跨越校内外围墙的界限,捕捉当今最流行的生活时尚元素,结合发达的网络信息,以创意点缀精彩校园,彰显青年教师的生机活力,展现青年教师风采。青年教师创意沙龙的主题为"幸福",灵魂是"创意",使卢湾中学在青年教师的心目中不再仅仅是工作的代名词,而是青年教师分享幸福生活的场所,是具有家庭一样温暖和谐的氛围的所在,是一个有利于教师事业发展的"生态乐园"。

此外,学校合理利用社会资源,与高中、高校联盟,与公司、企业合作,拓宽教师眼界、提升教师学识,培养教师们跨界、交叉、联想、创新等思维的品质。这些形式多样的跨界教师学习群体,对于促进教师团队创新,加快实现知识共享,推动教师适应性专长的发展,起到了良好的引领和示范作用。

2.2 四种模式:提升跨界学习的效率品质

(1) 主题派对式研修模式

主题派对式跨界学习可以理解为教师围绕一个或多个主题进行跨界学习的一种学习方式,在这种学习方式中,主题是核心,而围绕该主题的结构化知识内容就是学习的对象,即教师跨界学习的内容。主题派对式跨界学习既是一种学习方式,也是一种学习类型。

主题派对式跨界学习是以教师为中心,以探究主题的学习材料为中心。学习的过程是开放的,在跨界学习时,首先确定有价值的主题,围绕主题各学科教师自主选择材料进行学习,主题派对式跨界学习鼓励教师围绕主题,从自己的学科出发,发表不同的观点和看法并进行探讨,开启头脑风暴。相关学科教师运用专业的知识和技能,集众人的智慧解决大家的困惑,激发教师们的灵感和热情。头脑风暴之后,教师们各自梳理知识脉络,研发课程。主题派对式跨界学习的流程一般为：

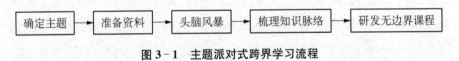

图 3-1　主题派对式跨界学习流程

主题派对式跨界学习就像一场知识的狂欢，老师们在高强度的学术学习和 Party 式交流中，打开学习视野，激发灵感与热情，在合作、交流、共探、共享中丰富教师的知识储备，提升教师的跨学科素养。如前不久，我们以"线条"为主题开展跨界学习，各个学科的老师都很兴奋，感觉有话可说。音乐老师和数学老师从《多姿的线条》一课说起，带大家走进音乐可视化的世界，帮助其他学科的老师们打开新的视角寻找灵感。艺术、体育老师给大家介绍了人体线条和建筑中的线条；语文老师介绍了"竹径通幽处，禅房花木深"中的曲线美；化学老师认为熔解曲线中的"线形"可以表示规律、趋势；物理老师用实验演示了声波、光线和磁感线；还有老师提到了社会心理学中"恩格尔系数"；历史学科中奇妙的气温与历史发展的关系等，这些都是看不到、摸不到的"线条"，其实都有规律可循。这让我们发现原来看似简单的"线条"有这么大的学问！整场研讨火花四射，令人脑洞大开。

(2) 问题研讨式研修模式

问题研讨式跨界学习不同于传统的讨论法，是以解决问题为中心来展开的跨界学习。从某种意义上说，这种模式来源于杜威的实用主义教学模式：疑难情境—提出问题—形成假设—解决办法—检验假设，这种方法有利于调动教师学习的积极性，发展其逻辑推理的思维能力、创造力。问题研讨式首先要进行学习需求的调研。因为问题的提出来自于教学实践，源于教师和学生在教学中遇到的真实的问题。这些问题不是单一学科能解决的，需要借助各学科老师的力量来共同解决。在开展跨界学习之前，需要做大量的调研工作，需要事先收集整理师生们在教学实践中遇到的问题，这是一个积累的过程。其次是诊断学习问题。课堂是"基于问题的解决"。跨界学习的设计要明确学习的目标，厘清跨界的价值。跨界主题的确定需要细细甄别，判断其是不是适用于跨界学习的方式来解决。更为重要的是跨界学习的主题的开展必须要符合未来课程的学习观,即与现实生活紧密关联的、真实性的问题情境、基于问题的(problem-based)、基于项目(project-based)的活动方式体验(experiential)学习、合作(collaborative)学习、探究(inquiry-based)学习、建构(constructive)学习。再次需要深入地论证讨论。通过小组讨论、专家对话等方式,分析问题,提出自己的想法,探讨不同意见。最后,将"问题"转化为学习成果,对谈论交流的最终意见进行整合,研发无边界课程。

例如,语文老师在教授虞世南的名篇《蝉》时,有学生提出质疑,蝉真的是餐风饮露吗?为什么古人会把蝉作为高洁的意象?这个问题不仅引发了语文老师的兴趣,还引发了各学科老师的探讨热情,科学老师从蝉的生活习性等方面谈到了自己对"垂緌饮清露"的理解,历史老师介绍了"玉蝉"在古人心中的地位,美术老师介绍了蝉的"国画添香",物理老师用科学的态度批判了"居高身自远",可谓妙语连珠,高潮迭起。基于问题的跨界研究,强调把学习放置在复杂的、有意义的问题情境中,通过让不同学科、不同学段的教师合作,来学习隐含于问题背后的科学知识,形成解决问题的技能,使学习者建构起宽厚而灵活的知识基础,进一步发展有效的问题解决技能,成为有效的合作者。

问题研讨式研修流程如下:

图3-2 问题研讨式研修流程

问题研讨式案例。来自卢湾高级中学的梁阅老师认为古诗词作为中华文化的瑰宝,具有语言凝练、意境深远、内涵深刻的特点。古典诗词中蕴含的丰富的哲学思想,为哲学课堂引入古典诗歌、提升教学有效性提供了可能性。在经过问题分析后,研修组展开了充分讨论,他们找到了如何将"古典诗词在高中哲学教学中的应用"方法和技巧,并在《把握联系促进发展》一课中充分运用古典诗歌助力哲学教学,取得了很好的教学效果。以下是课程实施中的一些情景片段:

一、借助诗词,为课堂导入增趣

我国古代诗人在千百年前就深谙辩证思维,并将这种辩证思维体现在自己的诗歌之中。苏轼在《琴诗》中写道:"若言琴上有琴声,放在匣中何不鸣?若言声在指头上,何不于君指上听?"全诗仅用两个提问,引发读者思考:琴声到底为什么能够产生?通过提问,让读者自己去思考并体会,美妙的琴声需要琴、手指、演奏者的演奏技巧与心境等同时配合才能够产生。

马克思主义唯物辩证法认为,世界上的一切事物都处于普遍联系之中,整个世界是相互联系的统一整体。联系是指,一切事物之间以及事物内部诸要素之间的相互影响、相互制约、相互作用。《琴诗》中,苏轼以生动形象的比喻阐释了琴、手指、琴师、琴师的情感等各个要素之间相互作用、相互制约,是用以阐释联系观点的绝佳素材。

类似的如杜甫《八阵图》中"功盖三分国,名成八阵图。江流石不转,遗恨失吞吴",先歌颂诸葛亮的丰功伟绩再说明刘备因一己之私破坏了整体部署,最终功败垂成,揭示出部分对整体的作用。

高中生抽象思维能力日趋增强,语言表达能力有所发展,但是面对较为抽象晦涩的哲学概念与哲学道理,很容易感觉一知半解甚至十分困惑,并因此而丧失对哲学学习的兴趣。良好的开端是成功的一半。课堂导入是教学的起始环节,如果导入新颖别致,能够激发学生兴趣,就能带动学生更快更好地投入课堂教学中。在《世界是一个相互联系的整体》一课的教学中,可以将苏轼的这一诗篇作为课堂导入,凭借古典诗词独特的魅力催生学生的探索兴趣。俗话说,兴趣是最好的老师。有了探索和了解的兴趣之后,再去引导和鼓励学生了解诗词背后蕴含的道理,由此导入"联系"的概念和联系的普遍性。如此,古诗词的应用就达到了为课堂增趣的目的,为提升课堂教学有效性铺垫了一个良好的开端。

二、善用诗词,为深化理解助力

博大精深的中华诗词宝库中,可以挖掘出很多描述变迁与发展的诗句。"少小离家老大回,乡音无改鬓毛衰。儿童相见不相识,笑问客从何处来"、

"长江后浪推前浪,一代更比一代强",可用以引导学生理解事物是变化发展的,要用发展的观点观察和分析问题。借用"沉舟侧畔千帆过,病树前头万木春"、"芳林新叶催陈叶,流水前波让后波",能帮助学生理解新事物代替旧事物是不可避免的趋势,前进性是事物发展的总方向。发展的实质是新事物的产生和旧事物的灭亡,但是新事物代替旧事物的过程并不总是一帆风顺的,此处则可以借用"长风破浪会有时,直挂云帆济沧海"、"山重水复疑无路,柳暗花明又一村"等脍炙人口的名句加以佐证和阐释。

事物的发展是量变与质变的统一。在把握和分析发展的状态,即量变与质变时,古典诗词中也有较多的名句可以使用。从老子的"合抱之木,生于毫末;九层之台,起于累土;千里之行,始于足下"、荀子的"不积跬步,无以至千里;不积小流,无以成江海。骐骥一跃,不能十步;驽马十驾,功在不舍"、刘备的"勿以善小而不为,勿以恶小而为之",这些贴近生活的诗词名篇用十分生动形象、易于理解的例子向学生阐明微小的量的积累是非常重要的,当量变积累到一定程度,最终都会带来质的变化。

善用古典诗词,用诗词来解释哲理,既形象又生动,能为我们的哲学课堂增添感染力,营造氛围。借助适切的古诗词让哲学显得更加平易近人,尤其是借用脍炙人口的名篇、名句,还能够充分调用学生的既有知识,因而可以高效地突破学生理解难度较高的重点、难点。将体味古诗词的韵味与探究哲学道理有机结合起来,在领略诗词韵味中探究哲理,在感悟哲理中细品诗词韵味,将抽象、深邃的哲学原理与深远的诗词意境统一于课堂,为哲学课堂添一份厚重,更添一份生动与激情。

三、借用诗词,让哲理回味无穷

黑格尔曾说过,诗,过去是、现在仍是人类最普遍最博大的教师。古典诗词以短小的篇幅表达出丰富的意蕴。诗人们在语言表达上进行提炼、斟酌和推敲,格律又形成了更和谐、隽永的韵律美,因此能给人带来无穷的回味,宛如余音绕梁。课尾在课堂教学中具有总结全课、总结升华的作用。设计巧妙的课尾能够起到画龙点睛的作用,让学生眼前一亮,进一步领略诗词与哲学的完美结合:原来哲学可以如此诗意又美好啊。因此,以古诗词作尾,不仅可以帮助学生理清、巩固对所学内容的了解,还如一记铿锵有力的节拍久久回旋，让人回味无穷。

事物发展的前途是光明的，具体道路是曲折的。浩如烟海的古典诗词中，有不少诗句向广大学子阐释了事物发展的曲折性。不仅如此，这些诗篇往往透露出积极向上的态度，对高中生的世界观、人生观、价值观有积极的引导与塑造作用。在讲授《发展的实质是新事物的产生和旧事物的灭亡》一课收尾时，可以借用王宝池所作《劝学》中的一段话："林探路贵涉远，无人迹处偶奇观。自古雄才多磨难，从来纨绔少伟男。书山妙景勤为径，知渊阳春苦作弦。风流肯落他人后，气岸遥凌豪士前。"鼓励学生坚信前进性是事物发展的总方向，道路虽然是曲折的，但前途必然是光明的。

再如，"自小刺头深草里，而今渐觉出蓬蒿。世人不识凌云志，直待凌云始道高。"这首诗篇体现出小松刚刚出土时尚且不如杂草高，但最终直入云霄，令人惊叹。"渐觉"二字则揭示出：小松的成长并不是一蹴而就的，而是一个缓慢、需要等待的过程。这寓示着新事物在一开始总是不完善、相对弱小的，但是新事物有着顽强的生命力，最终一定会战胜旧事物，实现发展。同理，"长风破浪会有时，直挂云帆济沧海""山重水复疑无路，柳暗花明又一村"同样可以作为掷地有声的课堂结尾，留给学生无穷回味。

四、赏析诗词，诗意哲理再融合

古典诗词在哲学教学中的使用，不止于此。联系与发展知识模块下有不少古典诗词可供借用，但是课堂教学的时间是有限而宝贵的，无法一一进行分析和赏析，让学生感悟背后蕴含的哲理。因此，还可以设计以诗词为亮点的作业练习。作业设计是教学的有机组成部分，设计得宜的作业学生完成度较高，是课堂教学的有效延伸，能够切实有效地帮助学生巩固所学的哲学知识。以作业形式鼓励学生主动进行信息检索与搜集，既可以夯实学生对书本知识的理解，又可以帮助学生拓宽视野，提升思维能力。

此外，我们还可以根据哲学教学的安排，在整体的某一知识模块结束后，进行专题化的诗词哲理品读。哲理品读的形式可以是设计安排学生查找体现相关哲理的古典诗词，并进行展示与分享。学生的主动学习和理解，能够更好地深化和夯实学生对哲理的理解，同时也能够陶冶学生的情操、提升学生的人文素养。或者也可将哲理与诗词的融合设计为一个小竞赛，这样的形式更能够激发学生的学习兴趣,让更多学生参与到课堂当中来,从而能够实现学生对诗词与哲理的进一步理解。

习近平主席指出,学诗可以情飞扬、志高昂、人灵秀。古典诗词是中华文化的智慧结晶,以凝练的语言寓意着丰富的哲理。在哲学教学中运用古典诗词,打造富有诗意的哲学课堂,这样的哲学课堂更受学生欢迎、更能让学生受益。

(根据相关资料编写)

(卢湾高级中学　梁阅)

(3) 项目开发式研修模式

所谓"项目开发式",主要是指以驱动性项目为引领、以教师合作探究为学习过程、跨越专业界限且需要跨学科合作的跨界学习模式。它旨在通过组织教师参与以活动、项目和问题解决为基础的学习,学会团队协作、与同伴沟通,设计、建构、发现、合作,在跨学科解决真实的教育问题、丰富自己的跨界专业发展经历的同时,最终学会如何为学生设计高质量的无边界学习课程。综上,基于项目开发的跨界学习是一个发展性过程。其流程可以分为七个步骤:识别问题和制约因素——调查研究——形成概念——分析观点——建立模型——实施和优化——沟通和反思。

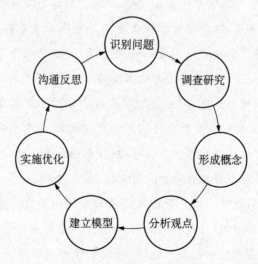

图3-3　项目开发流程图

(4) 游戏体验式研修模式

游戏体验式跨界学习,是在"做中学"。它以学习者为中心,通过游戏体验活动与引导反思,充分调动学习者的积极性,激发学习者互相学习、共同学习,让学习者在学习的过程中不断探索与觉察。

游戏体验式跨界学习的主要目的在于提供精心设计的游戏体验活动,协助学习者跳出舒适区,进入不自在和不熟悉的领域,并在克服了焦虑感、压力和自我怀疑后,体验到成功或者失败的经验。学习者从舒适区进入学习区,发展出能够迁移到日常生活的觉察能力或者知识与技能,从而让自己更快速地成长。游戏体验式学习一般包括四个学习阶段:具体体验、反思观察、总结归纳和行动应用。具体实践中,我们将这四个阶段又细分为六个学习流程。

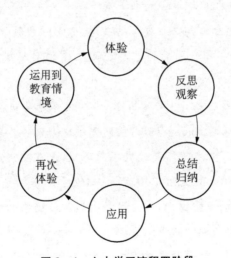

图 3-4　六大学习流程四阶段

参加跨界教研所获得的经验和收获

若要我形容学校的教研活动,那可以用三个"有"来概括:有趣、有用、有意义。

自2013年入职卢湾中学以来,学校的教研悄无声息地发生着巨大变化。

最早,老师们是以学科划分教研的"圈子",即同一学科的老师们聚在同一个教室教研。一个学科一个教室,教室门一关,这扇门里"之乎者也",那扇门里"热章节""力单元"……大家各自讨论得热火朝天,两耳不闻门外事。

后来,随着学校无边界课程的发展成熟,教研"不分家"了,老师们同聚在学校的未来教室里,物理老师听语文老师分享知识,英语老师听化学老师分享心得……一趟教研下来,老师们都觉得收获颇丰,教研现场此起彼伏的顿悟声和一个个恍然大悟的表情,让我觉得颇为壮观。

再后来又有了教研分会场——主题派对式、问题研究式、体验探索式这三种跨界研修范式。上一次的教研,我参与的是由我校陈昌杰老师主持的体验探索式教研《承重的结构》。

身为科学老师的陈老师给大家布置了一个任务——用三张扑克牌搭起一个承重结构,在这个结构上放厚厚的书籍,看哪一组放得最多,也就是哪一组做的承重结构最牢固。最后再把自己的承重作品编成一个故事,与大家分享。

我被随机分到了一组,组里有物理老师、化学老师、数学老师,原先教研中八竿子打不着的人聚到了一块儿,共同完成这个任务。我观察到过程中大家都是很愉快的——把扑克牌折叠成不同形状,互相指点,讨论,修改。我同组的物理老师告诉我:扑克可以横着折,相较于竖着折叠更不容易断裂,承重能力更强。我们还摸索出来,三角形和圆形是最稳固的结构。而在交流环节中,自然是作为语文老师的我上场。

整体最大的感觉,就是开篇说的第一个"有":实在是很"有趣"。我感觉仿佛回到了自己的幼儿园时期,无忧无虑地玩手工折纸游戏,还有压重物的挑战,趣味十足,欢声笑语。这样的教研是老师很有兴趣参与的。

我相信在现场的老师们都有这个感受,但是只用"有趣"来概括,实在是流于浅表,因为在这种趣味背后,还有更深的一层"有用"。从浅了来讲,有用指的是老师之间的亲近度和团结力变强。不同学科的老师们在沟通交流中你帮我助,为了共同的目标体验参与,这种凝聚力比大家坐着交流要强得多。从深了来讲,我通过这次教研,实实在在学到了东西。所谓学到东西,指的是我学到物理老师、数学老师告诉我的各种结构理论——重心、力等等。我相信对于其他老师来说，或许也从我创造的结构故事中知道了一个好故事的要素——起伏、典型人物、生动的刻画等等。

能学到知识的教研，那便是一次成功的教研，也是一次"有用"的教研。但我们学校的教研不止于此，它还是"有意义"的。

无边界课程的目标之一，是让学生拥有更多元的思维，更开阔的见识，更灵活的大脑。当不同学科的知识重新整合成一节无边界课程，他们会惊讶于这种突破与融合，就好比他们意识中原先对一样事物的平面认识变成了全息影像，原先对一样事物的界定突破了原有的限制，从而让他们拥有别样的思维能力。

而无边界课程是校本课程，是由我们老师精心为学生准备的。如果作为老师都没有一颗保持学习的心，没有一双不断探索的慧眼，没有一条敢于突破融合的大脑回路，那么无边界课程的生命力就仅限于成为一方草地，无法成为一片一望无际的草原。在这样的教研中，我们老师是受益者，它提供给我们一个机会，一个突破原有知识瓶颈，突破自我知识局限的机会，让我们学习、成长，这就是教研的"有意义"之所在。

言而总之，跨界教研于我，有趣，有用，有意义。如何进一步在教研过后落到实处，形成一门门无边界课程，若融入更多的思考，或许能进一步延伸跨界教研的意义吧。

（根据相关资料编写）

（作者：吴骏）

3. 强基固本：跨界学习素养的提升

3.1 教师跨界读书会：夯实教师跨界学习的文化素养

读书会是卢湾教师跨界学习的一种有效方式，旨在营造一种书香浸润、跨界共享的校园文化,让优秀的教师一起阅读经典、合作探讨,做有思想的跨界行动者。教师跨界读书会,是基于学校无边界课程开发的实际需求和教师共同兴趣组成的阅读团体。

读书会以教师为主体,运用各种校内外资源,实行文本精读、焦点研读、学者讲坛、读书观影、文化参观等一套阅读模式,注意调动教师的主观能动性,有效提升了教师的阅读数量和质量,有效地激发了教师的跨界教学创造力,达到了教师自我专业成长与学校跨界变革提升的双重目标。

学校开展了经典阅读跨界读书会,阅读的书目既有提高教师科学素养的名著,也有提高教师人文素养的经典著作,还有提高教师教育、教学素养的文本书籍。

跨界读书会的阅读形式主要有主题式阅读、类比式阅读、思辨式阅读、对话式阅读、漫谈式阅读等。

(1) 主题式阅读

确定单元阅读书目:《未来简史》《人类简史》《美的历程》。

探讨跨界学习主题:人类的历程。

未来,人类将面临着三大问题:生物本身其实就是算法,生命是不断处理数据的过程;意识与智能的分离;拥有大数据积累的外部环境将比我们自己更了解自己。如何看待这三大问题,以及如何采取应对措施,将直接影响着人类未来的发展。这,正是尤瓦尔·赫拉利(Yuval Noah Harari)在《未来简史》里所探讨的问题。《人类简史》是一部从 10 万年前有生命迹象开始到 21 世纪资本、科技交织的人类发展史。全书以认知革命、农业革命、科技革命三大线索理清人类发展脉络。该书认为,认知革命使得人类成为想象的共同体,农业革命可能是史上最大的骗局,科技革命最终将使人类成为神一样的存在。这是一部宏大的人类发展史,更见微知著、以小见大,让人类重新审视自己。

《美的历程》是李泽厚的著作。这个历经了无数沧桑的老人,以自己的一支笔揭示了中国数千年的美学现象。冯友兰读完此书后,曾经发出过这样的感慨:"它是一部大书,是一部中国美学和美术史,一部中国文学史,一部中国哲学史,一部中国文化史。这些不通的部门,你讲通了。死的历史,你讲活了。"在李泽厚的笔下，无论是秦汉还是唐宋，无论是龙飞凤舞还是青铜饕餮都是美的化身。他从远古图腾开始，一路上循循善诱，带你走进一个完全鲜活美丽的世界。那人面含鱼的彩陶盆、古色斑斓的青铜器、琳琅满目的汉代工艺品，还有那些著名的诗人作家们的想象画像，无一不在他笔下步步生花。读完这本书，你会发现自己突然变得厚重起来，因为你几乎走过了中国上下五千年的所有美好时光。而这种时光的穿梭，会让你对文学本身，对美学本身形成极强的整体感。

（2）类比式阅读

确定单元阅读书目：《为未来而教，为未来而学》《七堂极简物理课》《思考，快与慢》。

探讨跨界学习主题：以"未来智慧"看待教育。

《为未来而教，为未来而学》是美国著名教育心理学家、哈佛大学资深教授、零点项目创始人戴维·珀金斯（David Perkins）的最新畅销力作。戴维·珀金斯认为：知识必须能够在某些场合实际运用，才值得学习。我们需要以一种"未来智慧"的新视角来看待教育，在教育中既关注已知，也关注未知。在今天这个复杂而多变的世界中，努力培养孩子的好奇心、启发智慧、增进自主性和责任感，引导他们积极、广泛、有远见地追寻有意义的学习。意大利卡洛·罗韦利（Carlo Rovelli）的《七堂极简物理课》是写给那些对现代科学一无所知或知之甚少的朋友们的。这七堂课将带领读者领略20世纪物理学革命中最令人着迷的领域，以及这场革命开启的疑问和奥秘。因为科学不仅告诉我们如何更深入地理解这个世界，也会向我们展示未知的世界有多么广阔。第一课要献给爱因斯坦的广义相对论，这个"最美的理论"。第二课讲量子力学，其中潜藏着现代物理学最令人困惑的部分。第三课探究宇宙：我们所栖居的宇宙的构造。第四课讲宇宙中的基本粒子。第五课探讨量子引力：旨在综合20世纪物理学重大发现的一些尝试。第六课讲概率和黑洞的热。本书的最后一课则回到人类自身，提出面对物理学为我们展示的这个奇异世界，我们应当如何反思我们的存在。《思考，快与慢》的作者丹尼尔·卡尼曼（Daniel Kahneman）是人类历史上最具影响力的心理学家之一，当然也是至今仍健在的最重要、最优秀的心理学家。他有着独特的天赋，可以揭示人类思想的许多显著特征,其中很多特征已经成为教材中的经典内容,成了我们传统观念的一部分。他的工作打开了社会心理学、认知科学、对理性和幸福的研究以及经济学研究的新局面,其中行为经济学这一领域是丹尼尔与他的合作者阿莫斯·特沃斯基(Amos Tversky)共同开辟的。

(3) 思辨式阅读

确定单元阅读书目:《瓦尔登湖》《信号与噪音》《刻意练习》。

探讨跨界学习主题:找寻自我,规划未来。

《瓦尔登湖》曾被誉为"塑造读者人生的25部世界首选经典"。因为几乎每一个读过这本书的人,都会获得一次心灵的洗涤和救赎。它展示了什么是真正的"按自己喜欢的方式过一生"。该书记录了作者梭罗(Henry David Thoreau)隐居瓦尔登湖,回归自然,寻找自我的过程。读这本书的人,总是很容易获得内心的宁静。这本书仿佛是一片森林,你走进得越深,就越觉得安静和神秘。当你打开这本书,读着那些句子,你会与世隔绝,只寻找最恬静、最简单的自己。而这个寻找自我的过程,便是你思考人生,提高阅历的过程。相信不少人看完这本书后,亦会像梭罗一样骄傲地宣称:"每个人都是自己王国的国王,与这个王国相比,沙皇帝国也不过是一个卑微小国,犹如冰天雪地中的小雪团。"美国纳特·西尔弗(Nate Silver)的《信号与噪声》内容涵盖了信息技术和科学进步,也包括了自由市场、商业竞争以及观念革新。这本书罗列了许多事物,这些事物使得人类比计算机更聪明,书中同样列举了人类所犯的错误。本书还描述了我们如何一步一步地学习认识客观世界,也解释了为什么有时会出现历史倒退的情况。这是一本有关预测学方面的树,这一学科是涉及上述所有内容的交叉学科,旨在研究为什么有些预测很准确,而另外一些预测却失败了。这本书能使人们在规划未来时更有远见,从而避免目光短浅。《刻意练习》里说道所有人都以为"杰出"源于"天赋","天才"却说:我的成就源于"正确的练习"。著名心理学家安德斯·埃里克森(Anders Ericsson)在"专业特长科学"领域潜心几十年,研究了一系列行业或者领域中的专家级人物后发现,提高技能与能力的最有效方法全部遵循一系列普遍原则,他将这种通用的方法命名为"刻意练习"。《刻意练习》这本书,适合任何行业任何领域中希望提升自己的个人。

(4) 对话式阅读

确定单元阅读书目：《人间词话》《文学回忆录》《谈文学》。

探讨跨界学习主题：对话文学"雅境"。

诗词，是中华文明的灿烂瑰宝。当你捧起一本诗词书，去细细品读其中的句子时，总是会被带入一种雅境。王国维的《人间词话》是一本极美的书。当你打开这本书时，你马上就会被带入一种意境，一种极美、极雅的意境。你只要走进去，便会觉得中国古诗词竟然如此之美，完全超出你的想象。畅销书作家吴淡如曾经这样描述《人间词话》对她的影响：我的许多诗词记忆，都来自于王国维《人间词话》的提醒，他所点出的佳句，确实也都是动人的名句。拥有这些优美的句子，你的心灵与气质，岂能不光彩亮丽？可见此书对诗词的解读有多么的独到和精湛。此书不仅是因为它足够美，更重要的是它会让你对文学"境界"有一个深刻的了解。《文学回忆录》中木心说："我讲世界文学史，其实是我的文学的回忆。"读这本书，很多时候我都被那沉重的文学厚重感压的喘不过气来。这是一本非常耗费精力和时间的书，因为你从这本书里看到的不是一个国家，而是全世界。读书，最怕的就是局限。你一旦局限在一个国家或是一个地域里，见识就会变得短浅。而这本书的起点，便是全世界。有人说，读书就是为了让我们更宽容地去理解这个世界的复杂。那么木心的这本《文学回忆录》便是为了让我们洞悉整个世界的文学的复杂。作者朱光潜在《谈文学》中以文艺家和文学家的亲身体会，从文学趣味到布局安排，从内容风格到翻译技巧，将文学层层展开，一个例证、一个典故铺展开来，深入浅出，平易自然，引领读者不知不觉走进文学的殿堂。读朱先生的文章，使我们快乐地发现我们的渺小心灵和伟大心灵也有共通之点。

(5) 漫谈式阅读

确定单元阅读书目：《教师花传书》《教师的挑战》《坚守——于漪新世纪教育论丛》《周国平论教育》。

探讨跨界学习主题：教育的种种思索。

《教师花传书》与《教师的挑战》是佐藤学的力作。作为"付诸行动的研究者",佐藤学教授遍访日本全国各地学校,深入课堂,与教师一同研究教学,倡导创建"学习共同体"。他三十年如一日,每周至少两天深入学校,扎根中小学实地观察,是日本学校教育最有影响力的人物之一。最近十几年,他又参访了欧美和亚洲近15个国家,见识了这些国家的学校改革现状。他的著作,为我们呈现了大量的资料和多彩的高品质学习。于漪《坚守——于漪新世纪教育论丛》阐述的是于漪老师在从教之路上,对理想信念、对教师的责任与使命、对中国人精神脊梁的执著坚守。她以一位老教师的敏锐和良知,坚守着语文家园,坚守着教育天地,呼吁教师要以健康的人格在学生心灵深处滴灌生命之魂。《周国平论教育》中提到:我特别赞成卢梭提出的一个观点,就是教育即生长。教育不是强行把一些能力从外面放到人这个容器里面去,这些能力在人性中本来就已经存在了,教育只是提供一个良好的环境,让它们正常地生长。在这本书中,我们可以看到一个有责任感的哲学家对教育的深思。在字字珠玑的行文中,我们可以发现,人生问题和教育问题是相通的,做人和教人在根本上是一致的,人生中最值得追求的东西,也就是教育上最应该让学生得到的东西。从这个立足点出发,作者开始了他对教育的种种思索。

(根据相关资料编写)

教师跨界读书会更是体现了以下三大优势:学习内容与方式富有弹性,满足教师实际需求。相较于传统的教师进修活动,教师跨界读书会强调小团体式的学习,以成员的实际需求为主,成员对于研读内容具有自主权。在读书会中,每一位成员都能有充分的空间参与学习活动,在时间的安排上也以不影响正常教学的时间举行聚会研讨,具有相当的弹性。以下是教师的跨界读书的感悟。

赏心乐事谁家院?——读郑培凯系列丛书有感

寒假期间获得一套汤显祖研究学家郑培凯先生的系列丛书。拜读期间,每每回想，总觉得郑先生的涉猎之广泛，实在是我等望尘莫及。

书中总序概况了郑先生的学习经历和研究生涯。发现原来郑先生一开始进入台大学的是外文。结果被历史系叶嘉莹老师的古典诗词所吸引，继而发展到大学四年，广泛阅读一切领域的知识。到处旁听各个院系的课程。甚至连理学院、法学院、农学院都有他的踪影。后来，历史学习打开了他学术研究的方向，让他对考古人类学发生了兴趣，也对历史研究要结合文献与出土文物的二重研究法有了初步的认识。

读完了涉及茶道、昆曲、园林与人文风景的文化审美追求的《多元文化与审美情趣》，我感受到的是郑老术业有专攻。读完《历史人物与文化变迁》，我看到的是郑老聚焦历史人物的具体历史处境以及他希望借此探讨文化变迁所展现的历史意义转变。《文化审美与艺术鉴赏》则从具体评论学术著作与艺术展览方面反映了他个人对学术文化及艺术实践的观察与期望。

郑老自己也说过，学界对他多元多样的研究方向十分好奇，隐约感到其中有一种内在联系，希望他能从跨学科方法论的角度探讨他的治学方向。读到这里，我深深被郑老的博学所折服，他在近十几年中所出版著作的研究课题已经是各不相同，各有其专精的范畴，却又像下跳棋那样，从这个领域跳到那个领域，表面上似乎毫不相干的学术课题，为什么会值得他去研究呢？郑老提及，说到他的学术研究，一般人会从他二十几年前出版的汤显祖研究、明代戏曲研究、茶文化、陶瓷下西洋、电影的人文精神、非物质文化遗产、经典翻译等等说起。这系列研究时代跨度很大，学术分科的领域相当不同，有些似乎是风马牛不相及，但内里是有其相关的逻辑的。

其实跨界二字，我一个刚刚入门的年轻教师实在是知之甚少。也不敢妄谈跨界。但是作为一个虔诚的学徒用语文学科的适用性来看，则是希望能从文化跨界，艺术跨界的角度为跨界的教学谈一点感想。之前和物理老师讨论过，其实初中阶段的学习，理科老师还是希望尽力多培养孩子的逻辑思维能力以及学习方法的习成，语文学科是希望能培养学生的初步审美意识和感悟生活的情趣。所以既然要给学生一杯水，那老师至少要有一桶水。当了语文老师以后，才意识自己之前的语文理论知识储备还是不够的，当然除了认真备课以外,不断提高自身文化修养素质也是很重要的。在我看来,语文只是一个通向扩展学生视野和人生经验的途径。真正能让学生发自内心产生兴趣和憧憬,以及产生对语文及其边缘学科的求知欲望才是语文跨界的重要意义。郑培凯先生也是因为在台大有幸听到叶嘉莹老师的历史讲座才产生了兴趣。而语文老师如果能结合文科类的知识背景给学生深入浅出的讲解,我相信应该会有不错的效果。

在上学期我上过一节语文公开课《明湖居听书》,文章的教学重难点下去以后,其实有学生产生了很浓厚的兴趣,首先什么是说书?会是一个什么样的形式?其次,音乐的魅力是不是真有如此之大,之前上音乐课的时候,音乐老师的解说没有文中的如此生动形象,他们能否有兴趣自己用文字来描绘出音乐的高低起伏。这些都是他们自己在上完这节课后会主动找到我进行交流的,这是一个语文老师非常乐于见到的事情。没有什么比孩子的求知欲更能让老师兴奋的了。于是我找了个机会,与学生们讨论了一下他们现在听的音乐和喜欢的歌曲形式,让我欣喜的是,也是有一些同学他们对音乐的鉴赏是有要求的。那么作为老师,我们可以对他们音乐的品味进行一些语文上的指引,让他们说出为什么喜欢这种类型的音乐,最好写下片段,那么也是一种语文的习作。

其实每个人都是一个不同的资源库,能结合到何种程度是由老师的知识储备和学习宽度决定的,从一点点的文科学科的拓展和兴趣的挖掘,继而能辐射到其他理科,那时,学生也会受益无限。

(孙晗)

跨界读书有感

寒假里读了一些诗词类的书籍,发现了一些诗词背后的心理学知识。

《答王十二寒夜独酌有怀》是李白一首倾诉自己怀抱的抒情诗。诗中有几句写诗人受馋遭谤的境遇:

黄金散尽交不成,白首为儒身被轻。

一谈一笑失颜色,苍蝇贝锦喧谤声。

曾参岂是杀人者？谗言三及慈母惊。

这几句的大意是说诗人很想通过广泛交游，来施展自己的才能和抱负，可是"黄金散尽交不成"，尝尽了世态炎凉，还受到苍蝇一类小人花言巧语的诽谤。谗言之可畏，就像曾母三次听到"曾参杀人"的谣言，也信以为真那样。

诗中引用了"曾参杀人"的典故，也叫做"曾母投杼"，出自《战国策》。故事是这样的：

曾参年轻时在费县，同邑有一个与曾参同名同姓的人，犯了杀人罪。有人就跑去向曾参的母亲报信："曾参杀人了！"曾母心平气和地反驳道："我的儿子才不会杀人呢！"说完仍照常织她的布；不料过了一会儿又有人跑来报告："曾参杀人了！"曾母听了不以为然，仍旧忙着织布；可是过了一会儿，又有第三个人气急败坏地跑来告诉曾母："你儿子曾参真的杀人了！"这下，曾母真的相信了，惊恐万状，扔掉梭子，翻墙逃跑了。

知子莫若母，曾母对曾参是完全了解，完全相信的。然而一而再，再而三地听到别人说曾参杀人，她也信以为真。谣言能产生这么大的威力，是人的"从众心理"在作怪。

从众心理是一种普遍的心理现象，指个人受到外界人群行为的影响，而使自己在知觉、判断、认识上表现出符合于公众舆论或多数人的行为方式。通俗地说就是"人云亦云"、"随大流"：大家都这么认为，我也就这么认为；大家都这么做，我也就跟着这么做。

从众现象在生活中俯拾即是，在课堂中也不乏存在。如一道题目老师讲了一种解法，即使不是最佳的，绝大部分学生都会效仿，而不会提出异议；一个问题的答案，大部分学生错的一样时，做对的学生往往会把自己正确的答案改错；一些学生在学习上没有自己的计划安排，别人干什么自己就干什么，完全失去了自己的学习节奏……

很显然，这些从众行为产生的作用是消极的。下面的故事就说明了这一点。

一位名叫福尔顿的物理学家，由于研究工作的需要，测量出固体氦的热传导度。他运用的是新的测量方法，测出的结果比按传统理论计算的数字高出500倍。福尔顿感到这个差距太大了，如果公布了它，难免会被人视为故意标新立异、哗众取宠，所以他就没有声张。没过多久，美国的一位年轻科学家，在实验过程中也测出了固体氦的热传导度，测出的结果同福尔顿测出的完全一样。这位年轻科学家公布了自己的测量结果以后，很快在科技界引起了广泛关注。福尔顿听说后以追悔莫及的心情写道：如果当时我摘掉名为"习惯"的帽子，而戴上"创新"的帽子，那个年轻人就绝不可能抢走我的荣誉。福尔顿的所谓"习惯的帽子"就是一种"从众心理"。

课堂中从众心理常常抑制个性发展，束缚独立思维，扼杀创造能力，使人变得没有主见，墨守成规，不利于开展自主学习。那么如何克服从众心理的消极作用呢？下面两个小故事能给我们一些有益的启示。

《元史》载，宋元之际，世道纷乱。学者许衡外出，天气炎热，口渴难忍。路边正好有棵梨树，行人都去摘梨止渴。惟许衡不为所动。有人问："你为何不摘梨呢？"许衡道："不是自己的梨，岂能乱摘？"那人笑他迂腐："世道如此纷乱，管他谁的梨？它已没有主人了。"许衡说："梨虽无主，但我心有主。"

《世说新语》载，王戎七岁的时候，曾经和小朋友们一道玩耍，看见路边有李树，结了很多李子，枝条都被压弯了。那些小朋友都争先恐后地跑去摘。只有王戎没有动。有人问他为什么不去摘李子，王戎回答说："这树长在大路边上，还有这么多李子，这一定是苦李子。"摘来一尝，果然是这样。

许衡、王戎之所以没有随大流，一个是因为始终清醒地坚守自己做人的原则，一个是因为通过独立观察和思考得出自己的判断。一个做人坚守原则、遇事独立思考的人是不会随波逐流、盲信盲从的。

当然，从众心理也不全是消极的，也有积极的一面，即有助于克服固执己见、盲目自信等不足，学习他人的优点和长处，修正自己的思维方式等。"孟母三迁"就是巧妙运用从众效应的成功例子，值得老师们在教学中借鉴。即充分利用学生的从众心理，引导学生学习优等生的学习态度、学习方法、学习经验，必能取得"鸟随鸾凤飞腾远，人伴贤良品自高"的良好效果。良好的学风一旦形成，必将感染更多的学生。

（吴静君）

读书会符合成人学习理论，推进跨界学习共同成长。相较于传统教师进修活动中权威式的传授——接受的学习方式，教师跨界读书会则是平等的朋辈式的学习，符合成人学习理论。跨界读书会，有助于不同学科的教师群体长期在平等、民主的气氛中通过彼此观点的交流，促进全校教师跨界学习，共同成长。如孙晗老师在读了郑培凯系列丛书后，被涉猎广泛、乐于跨界的郑老深深折服，以郑老为榜样，孙老师对教师跨界发表了独到的观念。吴静君老师所授科目为思想品德，在参与跨界读书会后，她对心理学知识、文学知识产生了浓厚的兴趣，在阅读了不少古典诗词后，她竟发现诗词背后蕴含了许多心理学知识，这一发现，让她的跨界学习充满了奇妙的乐趣。

3.2 开设一月一讲坛：开拓教师跨界学习的创新视野

学校开设一月一讲坛，邀请社会各界精英人士为跨界学习的教师们开展讲座。以下是科技前言跨界学习菜单和人文艺术跨界学习菜单。

科技前沿跨界学习菜单

时间	主题及内容简介
1月	《引力波的发现》 2月11日美国国家科学基金会宣布人类首次直接探测到引力波，这一发现被称为爱因斯坦广义相对论实验验证中最后一块缺失的"拼图"。广义相对论描述具有质量的物体如何在时空环境下弯曲，据此预言加速运动的质量会产生引力波。在庆祝基础科学获得重大突破的同时，我们既为物理学家天才般的理论设想所折服，同样也借此机会走进引力波背后的技术故事，探寻其成功奥秘和深远影响。
2月	《大朋VR技术》 参观大朋VR，感受高科技的魅力。利用VR可以打破空间、时间的限制，大到宇宙天体，小至原子粒子，学生都可以进入这些物体的内部进行观察。利用VR可以建立各种虚拟实验室，如地理、物理、化学、生物实验室等等，拥有传统实验室难以比拟的优势，可以节省成本。通常我们由于设备、场地、经费等硬件的限制，无法展开实地实验。利用VR可以规避真实实验或操作带来的危险。真切地感受科技的变革必将撬动教育的变革。

续 表

时间	主题及内容简介
3月	《石墨烯,碳材料家族的又一个传奇》 石墨烯被誉为"神奇的材料",从纳米级的"绿色"科技到传感器,以及未来的导电涂层等方面,都具有极大的应用潜力。2004年,康斯坦丁博士通过胶带从石墨上分离出石墨烯这种"神器的材料",石墨烯具有非同寻常的导电性能、极低的电阻率和极快的电子迁移速度、超出钢铁数十倍的强度,极好的透光性……它的出现在全世界范围内引起了极大轰动,各国也开始高度重视,抢滩石墨烯研发。
4月	《暗物质粒子探测卫星研究》 宇宙是浩瀚的,未知永远存在。当天文学家发现我们的太阳系围绕银河系中心旋转的速度太快时,不得不设想,在银河系中除了可见物质之外,一定还有其他看不见的物质,他和光、电磁波不发生作用,所以称之为暗物质。他们和可见物质一起拉着太阳,使其不至于由于速度过高而飞离银河系的中心。通过这一方面的计算表明,这些看不见的物质总量远远超过看得见的物质。可见,我们对宇宙的认知还远远不够,这些看不见的物质就被称为暗物质。发现暗物质,就自然成为了当今世界基础科学的前沿。"悟空号"正是瞄准这一重大科学前沿问题,在空间开展了探索性的工作。
5月	《快速发展的中国铁路》 不到6年,中国高铁实现了从"追赶"到"引领"的重大跨越,走出了令全世界惊叹、艳羡的"中国模式"。正如国际铁路联盟总干事长卢比努所说:"中国高铁用最短的时间掌握了最高端的技术,同时也保证了高速铁路的运行安全,这是极其不容易的事情。"中国高铁的迅猛发展,不仅改变了中国的交通格局,也改变着中国人的生活,深刻影响着经济、政治、文化等各个领域,引领中国跨入一个全新的高铁时代。
6月	《神秘的量子力学现象——量子纠缠》 量子力学也是自然科学史上被实验证明最精确的一个理论。如果两个地方的物质处于纠缠态,从纠缠的一方的所有信息可以瞬间传递到纠缠的另一方去,这种传输没有时间空间的限制,是瞬间传播的。这就是量子力学诡异的地方。
7月	《大数据的前沿理论与发展进程》 大数据的使用将成为未来提高竞争力的关键要素。大数据本质上是"一场管理革命"。大数据时代,决策将日益基于数据和分析而作出,并非基于经验和直觉。在大数据时代,国家层面的竞争力将部分体现为一国拥有大数据的规模、活性以及对数据的解释、运用能力。

续　表

时间	主题及内容简介
8月	《人工视觉系统芯片》 人工智能芯片被视为未来人工智能时代的战略制高点。中关村前沿技术企业地平线机器人技术团队20日发布首款嵌入式人工智能视觉芯片。在人工智能视觉识别领域,该类芯片每帧中可同时对200个视觉目标进行检测,为智能驾驶、智能城市发展提供基础支撑。
9月	《无人机基础技术及运用》 无人机,是利用无线电遥控设备和自备的程序控制装置操纵的不载人飞机。其特点是:飞行功能全、适用领域广、科技含金量高、产业前景好。因而,备受国际社会的关注与宠爱。中国的无人机事业,经历了模仿制造、联合开发、自主创新的漫长过程,技术突破也是最近十年间的事。目前,我国的无人机技术已经相对成熟,个别领域及关键技术已经达到或超过国际一流水平。
10月	"浦江绿谷"实地现场教学 浦江绿谷低碳农业实践基地是集教学、实训、观光、体验多功能于一体的都市现代农业科普教育示范基地,是把学校多学科交叉综合优势作为接穗嫁接到现代农业学科这个砧木上,让其苗壮成长并开花结果。LED智能工厂化育苗、立体水培蔬菜生产、低碳太阳能供热、美国樱桃栽培新模式等农业科技成果展示和示范让人耳目一新。
11月	Ivy. Maker—3D打印实地体验 坐落在上海著名文创园区八号桥4期IVY. MAKER-东方1号上海运营中心,将业界最前沿的创新思维、方法、技能与技术带入基础教育,助力青少年精英酷玩科技与艺术融合,是一家聚焦机器人、3D打印技术和编程设计新应用解决方案的高科技企业,提供全程机器人、3D打印技术和编程设计相关技术的教育行业解决方案。
12月	《"聚集诱导发光"改变你我生活》 唐本忠,中国科学院院士,其领衔的团队发现了一个与此相反的现象,分子越聚集,发光越强,被定义为聚集诱导发光(简称AIE)。凭借在此领域的创新性和引领性研究成果,其团队也荣获国家自然科学奖一等奖。他说:"这个现象告诉我们,搞研究要跳出现有的思维框框,如果你观察到与既有经验不一样的现象,第一反应不应该是回避,而应该是非常兴奋地先去重复,然后去追根溯源,千万不能因为暂时无法解释而选择忽视。"

人文艺术跨界学习菜单

时间	主题及内容简介
1月	《易经的智慧》 《易经》历来都是中华圣贤的智慧经典和人生宝典，被誉为"群经之首，大道之源"。它所揭示的成功法则，几千年来都渗透、浸润于中国人的血液骨髓和精神灵魂，影响并指导着炎黄子孙的行为方式、思维逻辑与是非标准。易经智慧作为一种中华文化的基因，一直在滋养着中国人的生命与心灵，并成为我们成长的动力，智慧的源泉。
2月	《唐诗宋词里的盛世繁华》 唐之繁华，仿佛唐美人的丰腴敦厚，带着生命原始的活泼质地；宋之繁华，是《清明上河图》里浓得化不开的金粉气，亦携着士大夫卷轴里的灵动闲逸。今人从唐诗宋词里品味盛唐气象、赵宋风流，像是把玩前朝微微褪色的绢本团扇，沾得一缕清香，缅怀之余不免遗留几许惘然。诗词歌赋之中，是盛世文人闲雅的生活写照与充盈的精神世界，浸润着美学的体验与意趣。
3月	"壹号美术馆"参观学习 上海壹号美术馆是黄浦区文化产业的一张名片。设立VIP珍藏馆区、珍品展区、艺术书吧、豪华艺术沙龙会所、多媒体馆等多种功能布局，致力于为高端艺术人群、专家学者和收藏家等提供学术研讨、艺术沙龙、名作鉴赏的国际化平台。
4月	《电子媒介时代的阅读人生》 在印刷文明时代，当人们习惯于沉浸式阅读，这种阅读方式有着独自默读、线性阅读、文字单一、沉思默想等特点。而随着数字阅读时代的到来，人们的阅读习惯和阅读方式发生了根本的转变。当人们拒绝经典不读长篇，快餐式、碎片化阅读成为一种流行趋势，我们应当如何应对这种转变呢？
5月	《昆曲——百戏之祖》 昆曲是我国传统文化艺术中的珍品，以曲词典雅、行腔宛转、表演细腻著称，被誉为"百戏之祖"。昆曲在2001年被联合国教科文组织列为"人类口述和非物质遗产代表作"。此次课程中，上海昆剧团国家一级演员吴双老师将为大家带来一场昆曲盛宴。届时，不仅介绍生旦净末丑等知识，还将昆曲的经典剧目《牡丹亭·游园》《刀会》和《孽海记》《佳期》等名段呈现给师生。
6月	"上海当代艺术博物馆"现场教学 参观上海当代艺术博物馆"身体·媒体II"艺术展，该展览共展出来自12个国家的24位/组艺术家的29件/组作品，以装置、行为、摄影、影像

续 表

时间	主题及内容简介
6月	以及更多难以界定的艺术表达方式,在技术发生了彻底变革的新时代语境下,再次讨论新媒体与身体的密切联系,融入跨界的协作模式,突破互动艺术展的边界。艺展中《剪纸》《神经星云》《上海时间》《劳动中的人》等作品让人眼前一亮,打破影像、信息、技术、身体等壁垒的表现形式,带给了艺术无界的创想,与"无边界课程"有着异曲同工之处。
7月	《文学与音乐》 在人类的童年时代,诗乐舞是结合在一起的。文学与音乐有着千丝万缕的关系!他们都能表现人类内心的情感,常能激发人们各种文学性的想象和灵感,给予人们无限的想象空间。在今天的中国,文学与音乐的结合随处可见。文学是音乐植根的土壤,音乐是文学的翅膀。
8月	《人文尺度的城市规划》 城市研究学界提出的新概念是:城市运动,应该致力于可持续发展与适合人居。我们把这个理念具体化为:人文尺度的城市规划,或者叫人的尺度。城市空间不应该是单纯工程性的和只追求技术效率的,它还应该成为人性生长、人际互动的空间。这种互动,为城市环境注入了生动的血液。
9月	《中华美食文化》 中华文明五千年,饮食文化也随着中华文明源远流长五千年,其寓意随地域、受众而发生变化,博大精深。饮食文化与中华优秀传统文化的密切联系,它从侧面展现了食物给中国人生活带来的仪式、伦理等方面的影响,也向我们展示了中华文化的精致和源远流长。
10月	"万和艺术酒店"现场教学 "全球最大艺术酒店"是万和昊美艺术酒店当下的定位,这不仅仅在于"舒适一日、艺术一天"理念对客人艺术体验的强调和在作品展示数量上取得的完胜,更在于以作品为基础而反向设计与作品相融合的酒店空间的运作模式。一个酒店将艺术融入其中,像呼吸中的氧气非常自然不可替代。每个转角都是一个艺术场景,身临其境已分不清美术馆在酒店中还是酒店在美术馆中,所有的一切都那样的和谐。
11月	"中华艺术官"现场学习活动 中华艺术官是集公益性、学术性于一身的近现代艺术博物馆,常年陈列反映中国近现代美术的起源与发展脉络的艺术珍品;联手全国美术界,收藏和展示代表中国艺术创作最高水平的艺术作品,以及各国近现代艺术精品,成为中国近现代经典艺术传播、东西方文化交流展示的中心。

续 表

时间	主题及内容简介
12月	高雅艺术进校园活动 典雅、高贵的四重奏一直是作曲家、演奏家、听众们钟爱的古典音乐形式。在本次讲座中,我们通过海顿、莫扎特、舒伯特等作曲家的弦乐四重奏作品,感受四重奏丰富绚丽的色彩。特别是,我们将特邀四重奏乐团为您现场演奏,让您近距离感受音乐的魅力。

(根据相关资料编写)

4. 课程研发:跨界学习实施的升华

4.1 支持"科学探索"课程的持续研发

以下案例是"科学探索"课程的内容之一,主要围绕初中的科学课、高中的生物课开启了对"酶"、"催化剂"的跨学段、跨学科探索。

酶是一种生化试剂,在利用资源和开发能源方面,酶催化剂有极为广阔的前景。在中学的生化课程教学中,酶催化的概念有所涉及。初中通过学习食物消化初步理解唾液酶催化的作用和特性;高中时期通过对比生物和化学两种不同催化剂的化学反应速率的影响因素,让学生们在了解酶基本特性的基础上,进一步理解特性背后的结构原理。保持初高中学习内容的连贯性,在学生循序渐进的学习中,有助于学生不断扩大知识水平,逐步完善学生的知识体系,以期达到知识的融会贯通,培养学生的综合科学素养。

1. 科学课堂 让学习更贴近生活

生活经历中,我们发现人类面临的重要问题往往都不是一个学科可以解决的。生活本身是综合的、多姿多彩的、学生的发展亦是整体性的。丰富学生的学习经历是上海二期课改的重要理念。脑科学和神经心理学的研究表明：知识和技能只有镶嵌在情境中，才容易被理解，并且更易产生迁移；知识只有在生活联系中和运用中才显得有意义；学习不应该只局限于个人的脑海里，必须将问题定位在真实的世界里。杜威认为最好的教育应该是从"生活中学习"。学校教育不仅仅是只为了考试和升学，还要让我们的学生今后能真正适应社会，学会生活，有积极的生活态度，有基本的生活能力，能积累初步的生活经验。将课堂所学知识应用于生活，生活中遇到的问题用课堂知识去解决，让课堂成为沟通现实生活和书本知识的桥梁，链接学生的知识世界与生活世界，引导学生既见"树木"更见"森林"，有助于培养学生解决复杂问题的能力，提升学生的综合素养。

在一节科学学科《馒头在口腔中的变化》的课中，教师通过生活体验，并对比消化酶有无差异，来认识唾液淀粉酶的消化，进一步拓展理解酶催化的特性。对比常规教学方式，创设情景实现课堂教学的生活化，让学生在生活情境中发现问题，在合作探究中学习，在实践行动中感悟，把学习主动权真正回归于学生。

案例："馒头在口腔中的变化"的教学设计

本节课在学生已经掌握了食物营养成分的种类和作用的基础上，进一步探讨食物在消化系统消化和吸收的过程。消化酶对食物的消化作用是本节的重点与难点，是因为没有酶就没有食物的化学性消化。七年级的学生思维活跃且好动，他们有很强的求知欲望，他们通过日常生活经验对食物消化有一定的了解，但对食物在消化过程中如何消化和吸收的知识比较缺乏。虽然现在酶的功用甚多，应用领域广泛，但酶对食物的消化作用看不见、摸不着，对学生来讲十分抽象。本节课融入生活化的体验和科学实验相结合，使学生对物理性消化和化学性消化有了直观的认识，使学生意识到咀嚼消化的重要性，日益注意口腔卫生，并养成健康的生活习惯，让他们在活动中掌握知识，培养能力，让学生进一步理解结构和功能是互相统一的生物学观点。

(1) 唾液淀粉酶性质、原理教学设计

教学内容	教师行为	学生行为
创设实验情景，激发兴趣引入课题	激趣导入：学生两人一组，细细咀嚼小块馒头，体验咀嚼过程中味觉的变化（开始不甜，但咀嚼一段时间后，有了甜味）为什么馒头在细嚼慢咽的时候会有甜味呢？	生活体验，调动学生的积极主动性
消化酶有无的比较	在四个试管中分别加入1g的馒头碎屑，分别加入以下试剂后，再各滴加几滴碘液，观察各试管内颜色变化情况。	
	试管A：唾液2ml，充分搅拌，放入37℃左右的温水中，5分钟后取出	① 淀粉遇碘变蓝色；② 唾液中含有一种可以把淀粉分解成糖的物质是淀粉酶
	试管B：清水2ml，充分搅拌，放入37℃左右的温水中，5分钟后取出	
	试管C：唾液2ml，不搅拌，放入37℃左右的温水中，5分钟后取出	
	试管D：唾液2ml，充分搅拌，将D试管加热至沸腾	
	问题：通过以上实验得出什么结论？（搅拌代表舌头的运动，馒头碎屑表示经过牙齿的咀嚼。）	
	结论1：A试管中的物质遇碘后**不变蓝**，原因是淀粉被唾液淀粉酶分解。 结论2：C试管中的馒头块与唾液淀粉酶的接触面积小，没有被充分消化，滴加碘液后会变蓝色。B试管无淀粉酶，D试管经加热，唾液淀粉酶被高温破坏，所以BCD试管变蓝色。	倾听、理解
消化方式分析	馒头变甜与唾液的分泌以及牙齿的咀嚼和舌的搅拌有关系。因为食物的消化方式包括物理性消化和化学性消化。通过牙齿的咀嚼、舌的搅拌和胃、肠的蠕动，将食物磨碎、搅拌并与消化液混合，这是物理性消化；通过消化液中消化酶的作用，使食物中的淀粉、蛋白质、脂肪等营养成分分解为可以被吸收的成分，这是化学性消化。	

续表

教学内容	教师行为	学生行为
	化学性消化,营养物质被分,已不再是原来的物质,而物理性消化只是食物的形状、大小等发生了改变,实质并没有改变。	倾听、理解
消化原因及酶的特性	唾液中含有一种淀粉酶,食物的消化也就是从口腔咀嚼和与唾液混合开始,食物进入胃以后,淀粉在唾液淀粉酶和胃中的其他能够分解淀粉的酶的共同作用下,最后分解为葡萄糖,才能够为人体吸收。酶有三个特性: 高效性:酶有很高的催化效率,比化学催化剂催化的反应大约要快几千倍到上亿倍。如果没有催化剂,在常温常压条件下,需要几年或更长的时间。若要反应加快速度,必须在300℃以上才能进行,燃烧氧化,释放能量。而在生物体内,在一系列酶的催化作用下,于常温常压下可瞬间完成,其速度之快难以想象。 温和性:需要一定的pH和温度才能具有较强的催化作用,在高温、强酸、强碱等条件下易被破坏,比如人体内酶的适应温度是37℃,发高烧时会使人不舒服。当温度接近100℃时,酶的催化作用完全丧失,所以试管D经加热后,唾液淀粉酶失效。 专一性:生物体内的每一种酶只能催化某一个特定的小反应,如淀粉酶只对淀粉起作用,使淀粉很快地变成麦芽糖,脂肪酶只能对脂肪起作用,使脂肪分解成甘油和脂肪酸。	倾听、理解

(2) 唾液淀粉酶实验结果分析

步骤	加入试剂或处理方法	试管			
		A	B	C	D
1	馒头碎屑	1 g	1 g	1 g	1 g

续 表

步骤	加入试剂或处理方法	试管			
		A	B	C	D
2	唾液	2 ml		2 ml	2 ml
	清水		2 ml		
3	搅拌	搅拌	搅拌	不搅拌	搅拌
4	保温5分钟	37℃	37℃	37℃	100℃
5	滴入碘液	2滴	2滴	2滴	2滴
6	观察试管中溶液颜色并记录	浅棕色	蓝色	蓝色	蓝色

(陈晓青)

2. 生物学堂,加强学科融合

学科融合是指在承认学科差异的基础上不断打破学科边界,促进学科间相互渗透、交叉的活动。学科融合不仅是学科发展的趋势,也是学术研究产生重大创新性成果的方式之一。当今世界,学科前沿的重大突破和创新成果,大多是多学科交叉、融合和汇聚的结果。对百年诺贝尔化学奖进行统计发现,近一半的奖项颁给了物理学科、生物学科。这说明化学作为一门比较成熟的基础学科,如今的发展进入了多科学相互渗透时期,学科融合已是科技飞速发展的必然趋势。高中阶段是学生认知水平不断扩大,知识体系不断完善的阶段,高中教育的任务是进一步提升学生综合素质,促进学生全面而有个性的发展,为学生适应社会生活、高等教育和职业发展作准备,为学生的终身发展奠定基础。新的课程改革以发展学科核心素养为主旋律,"素养为本"的教学对学科知识的建构完整性提出了要求,学科融合教学不是简单的知识堆叠,而是其他学科对本学科知识的补充,是加深认识和理解,是拓宽视野、开阔思路,能综合运用化学和其他学科的知识分析解决有关问题,发展学生的科学素养,培养全面发展的人。

在一节生物学科《生物催化剂——酶》的公开课观摩中,教师通过对比不同无机催化剂和生物催化剂知识表征的异同,来认识生物催化剂酶的特性,理解特性背后的结构原理。通过对比学习借鉴不同学科教学内容和教学方式,改进自己教学,形成基于学科融合的教学主张。形成性的跨学科视域下的课例研究,能提升教学素养。

案例设计思想:在高一第六章第一节《影响化学反应速率的因素》教学中,教材简单介绍了催化剂的作用和原理,以及催化剂的化学史。高一学生在生物课上已认识了生物催化剂——酶,如果从催化剂性质、原理、发展历史以及应用前景这些内容上进行化学和生物的整合,使不同学科之间知识架构相互贯通,形成立交、相互链接、相互融合,这正是课改所倡导的,是培养综合能力和问题解决能力的必由之路。通过对催化剂学科融合教学,了解催化化学发展的方向,从高中学生的认知角度能理解多次化学诺贝尔奖与生物学之间的关系。

(1) 催化剂性质、原理教学融合设计

教学内容	教师行为	学生行为
创设真实情景,激发兴趣引入课题	2018年三位生物学家获得诺贝尔化学奖,掀起了化学界又一次热议。这三位科学家通过定向进化方法使得化学发生了革命性的变化。化学催化过程中那些催化效率低,或者用化学催化剂很难合成的化学分子,生物催化剂就能展示出来它应有的优势。酶的催化作用产生了很多新的分子,用生物的方法来转变化学物质,获得新的化学物质,这应当被视为是在化学上的突破。也体现出化学学科的开放与包容,涉及面更宽,化学和其他学科的交融性很强。化学催化剂和生物催化剂之间到底有哪些异同点呢?我们融合生物学科内容,再识催化剂。	倾听,明确学习任务,激发学习兴趣
催化剂活性比较	在试管中加入 3% H_2O_2 5 ml 后,再加入以下试剂,观察各试管内气泡发生情况,并以点燃的线香插入各试管测试其火光亮度变化。 试管1: $MnO_2(s)$ 1 g	

续 表

教学内容	教师行为	学生行为
	试管 2：3.5% $FeCl_3$ 溶液 0.5 ml 试管 3：新鲜猪肝匀浆（含过氧化氢酶）0.5 ml 问题：通过以上实验得出什么结论？	① 生物催化剂酶催化效率最高； ② MnO_2 催化效果好于 $FeCl_3$
催化剂活性比较	结论 1：催化剂加快化学反应进程，其本质是降低了反应活化能。 （能量-反应进程图：无催化剂、有催化剂两条曲线，$H_2O_2 \to H_2O + 1/2O_2$） 结论 2：酶的催化效率是无机催化剂的 $10^7 \sim 10^{13}$ 倍，具有高效性。	倾听、理解
催化原理，专一性分析	酶是生物大分子，绝大多数是蛋白质，少数是 RNA。酶分子上存在一个特定的活动部位，该部位只有与其所催化的物质（底物）在结构和形状上完全契合时才能起催化作用，因此酶具有**专一性**。比如淀粉酶能催化淀粉水解但不能催化蔗糖水解。 **酶具有专一性** （酶+底物(S) → 酶-底物复合物(ES) 示意图） 酶与底物产物互补 酶的专一性建立在酶结构的专一性上 无机催化剂也不例外，具有选择性，就像一把钥匙开一把锁，每个反应都有它独特的催化剂。在实验中虽然 MnO_2 和 $FeCl_3$ 都能催化双氧水的分解，化学反应可以选择不同催	倾听、理解

教学内容	教师行为	学生行为
	化剂,但催化效率不同,MnO_2 催化双氧水的分解效果更好。但 MnO_2 不能催化氨的合成等,很多反应都有自己特定的催化剂。同样的反应物,由于使用不同的催化剂会就会发生不同的化学反应(课本 P42,图 6.15)。 $CO+H_2$ 反应: (1) 高压、400℃,铜催化剂 → 甲醇 (2) 高压、200℃,铁-钴催化剂 → 合成油 (3) 常压、250℃,镍催化剂 → 甲烷+水 (4) 高压、150℃,钌催化剂 → 固体石蜡	
催化剂易变性分析	从上图中可以看到催化剂只有在一定的温度范围内才能具有较强的催化作用,这个温度范围叫做催化剂的活性温度。温度过低,催化剂就不能很好地起催化作用;温度过高,会使催化剂丧失活性,甚至被破坏。合成氨使用的温度450℃就是催化剂的活性温度。由于蛋白质高温、遇电解质溶液变性,使酶失去活性,因此酶的变异性更大。比如人体内酶的适应温度是37℃,胃蛋白酶的适宜 pH 是约为 2,超过这范围都会使人不舒服。	倾听、理解
	结论3:催化剂具有专一性。 结论4:催化剂使用有活性温度要求。酶的变异性更大。 结论5:相比于无机催化剂,酶作用条件比较温和,具有温和性。	倾听、理解

(2) 催化剂发展史教学融合设计——阅读资料：人类对催化剂的认识

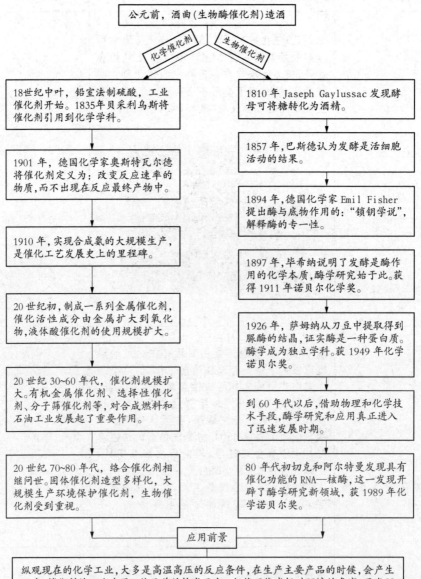

（张燕静）

4.2 支撑"一带一路"课程的持续实施

"一带一路"是一条神奇的道路,是一个充满魅力的话题。在 2017 年的卢湾中学无边界思维坊中,语文、数学、历史、科学、地理、思品、物理、化学等学科的教师围绕这一主题,开展了盛大的主题派对式的学习研讨。而后,历史、地理、思想品德三个学科的教师共同上了《一带一路》一课,带领学生开启了"一带一路"的探索和思考。从跨界学习到备课上课,从讨论到整合,师生在这一过程中收获了别样的精彩和感悟。见图 3-5,"一带一路"课程的持续实施路径图。

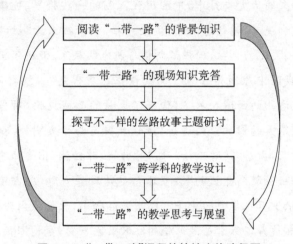

图 3-5 "一带一路"课程的持续实施路径图

一、阅读"一带一路"的背景知识

1. 举世闻名的"丝绸之路",是西汉武帝刘彻遣张骞出使西域后开通的。从此,自西汉至明代的一千五百余年,其间虽因沿途地区各国政治军事形势的变化,时有中断,但一直是中西交通的孔道。"丝绸之路"以长安(西安)为起点,向西一直通往遥远的罗马帝国。公元一世纪罗马学者白里内(公元 23 年—79 年)在其《博物志》一书中写道:"(中国)锦绣文绮,贩运至罗马。富豪贵族之妇女，裁成衣服，光辉夺目。由地球东端运至西端，故极其辛苦。"(《中西交通史料汇编》第一册，第20页)这条漫长的中西陆路交通孔道，大体上可以分为两大段(也有人分为三段)，即中国境内的一段和到中亚后至欧洲的另一段。

中国境内的一段是由长安往西，出陇西，经河西走廊到新疆，越葱岭(帕米尔高原)联结中亚、西亚。其主要路线是经虢县(今宝鸡)、天水(今)，至金城(今兰州)渡黄河，再经武威、张掖、酒泉至敦煌。由敦煌再向西分为两道，一是向西北出玉门关，一是向西南出阳关，便进入当年所谓的西域(主要指我国新疆地区。当时广义的西域也包括中亚、西亚)。

在以往悠久的历史岁月中，中国历代王朝的一些将军、边疆大吏、士兵，以及中外商人和使节、旅行者，他们犯险涉难，频繁往来于"丝绸之路"，沟通了中西方经济、文化的交往，加强了新疆与内地的联系，促进了沿途城镇的兴盛繁荣，也给我国中原城市带来了新的景象。唐代是"丝绸之路"的繁荣时期，流寓长安、洛阳的西域人更多，传来了大量的西域文化，对当时居民各方面的生活均有很大的影响。向达著《唐代长安与西域文明》考说甚详。如当时以胡服为时装，白居易《时世妆》云："时世妆，时世妆，出自城中传四方。"而由波斯传入的一种骑马竞技的"波罗球"，更是风靡一时，唐玄宗李隆基就是击球的好手，很少有人是他的对手。因而风俗相尚，长安城内纷纷建筑球场。来自中亚的"柘枝舞"，舞者穿着鲜艳的红紫五色罗衫，宽袍窄袖，腰带银蔓垂花，锦靴，头戴绣花卷檐帽，随着鼓声翩翩起舞。另有一种"胡旋舞"，其旋转之疾速，如飞星，如流电，唐代著名诗人元稹观看后说："万过其谁辨终始，四座安能分背面"(《胡旋女》)。李白在《前有一樽酒行》诗中写道："胡姬貌如花，当垆笑春风。笑春风，舞罗衣，君今不醉将安归。"由于胡乐胡舞的流行，当时甚至有人说："洛阳家家学胡乐。"(王建《凉州行》)其他如饮食绘画、建筑等等方面，也无不受西域文明的影响。唐代对我国新疆少数民族文化和外来文化兼收并蓄，因而有盛唐文化的昌盛，而且对东方国家如朝鲜、日本等产生了重大的影响。

唐代"丝绸之路"促进文化交流的一件大事，是玄奘西行到印度。玄奘由"丝绸之路"新疆境内的中道出国，经南道回国，往返17个春秋。他从印度带回佛教经论650余部。高宗永徽三年(652年),特为其修建大雁塔(在长安城南,今天仍巍然矗立),收藏带回的佛经。玄奘与其弟子在这里共译佛经、论75部1 300余卷,对佛教在我国的进一步盛行影响巨大。玄奘回国后所著《大唐西域记》,其中就有蚕丝生产西传的记载。

在"丝绸之路"沿线,有不少当年的遗址,出土了许多有价值的文物,其中有从汉到唐的丝织品,大量的古代钱币,以及为数甚多的东罗马和波斯金银币。著名的遗址有楼兰遗址,尤其是敦煌的莫高窟更是闻名中外。在"丝绸之路"上,敦煌处于在政治上、军事上联结中原与西域的特殊的重要地理位置,历代王朝在这里设官置重镇。在古代,这里人口众多,成为中西文化的交汇处。明代以后,由于航海事业的日益发展,中西交通几乎全被海路所取代,"丝绸之路"因之而衰落了。但是,在新疆境内古老的"丝绸之路",仍然是与内地联系的通道。

源自人民数据库资料.日期:1981.11.17.标题:"丝绸之路"琐谈.

2. 2013年,中国领导人提出共建丝绸之路经济带和21世纪海上丝绸之路两大倡议,被合称为"一带一路"。作为中国深化改革开放和推进周边外交的大手笔,"一带一路"受到国际社会广泛关注,反响积极。

两千多年前,亚欧大陆上勤劳勇敢的人民,探索出多条连接亚欧非几大文明的贸易通路,后人将其统称为"丝绸之路"。尽管多次经历血与火的洗礼,但驼铃声声,舟楫相望,丝绸之路从未完全中断。尽管古代交通和技术条件远逊于今,但商人、智者、学子、使节排除艰难险阻,跨越万水千山,以极大的毅力和勇气开辟和经营丝绸之路。古代丝绸之路上的国家有大有小,但都因丝绸之路受益匪浅。进入21世纪,面对纷繁复杂的国际和地区形势,丝绸之路展现的团结互信、平等互利、包容互鉴、合作共赢的精神,更显重要和珍贵。

来源:〈数据库〉人民日报.日期:2014.02.25.标题:丝路精神,贯穿古今新篇章——聚焦"一带一路"倡议的时代意义(上).

3. 历史上的丝绸之路主要是商品互通有无,今天"一带一路"交流合作范畴要大得多,优先领域和早期收获项目可以是基础设施互联互通,也可以是贸易投资便利化和产业合作,当然也少不了人文交流和人员往来。各类合作项目和合作方式,都旨在将政治互信、地缘毗邻、经济互补的优势转化为务实合作、持续增长的优势,目标是物畅其流,政通人和,互利互惠,共同发展。

在共建"一路一带"过程中,中国将坚持正确的义利观,道义为先、义利并举,向发展中国家和友好邻国提供力所能及的帮助,真心实意帮助发展中国家加快发展。中国将不断增大对周边的投入,积极推进周边互联互通,探索搭建地区基础设施投融资平台。中国不仅要打造中国经济的升级版,也要通过"一带一路"这一途径打造中国对外开放的升级版,不断拓展同世界各国特别是周边国家的互利合作。

来源:〈数据库〉人民日报.日期:2014.02.26.标题:开放包容,携手发展谋共赢——聚焦"一带一路"倡议的时代意义(下).

4. 提起"丝绸之路",人们往往只会想到"陆上丝绸之路",而常常忽略历史上还有一条"海上丝绸之路"。近年来,国际上对"海上丝绸之路"的考察与研究方兴未艾,越来越受到学术界的重视。

"海上丝绸之路"实际上是古代中国与海外各国互通使节、贸易往来、文化交流的海上通道,在中世纪初期得到迅速发展,唐宋达到高潮。到了明代,更有郑和7次下西洋,成为世界航海史上的壮举。"海上丝绸之路"主要分南、北两线。北线即东海航路,把中国、朝鲜和日本三国连接在一起;南线即南海航路,则把中国和东南亚、南亚和阿拉伯地区,通过海上丝绸贸易连接在一起。史料记载,当年马可·波罗经"陆上丝绸之路"到达中国,而回国时他是在福建泉州上船,经"海上丝绸之路"回到家乡威尼斯。

来源:数据库.日期:1992.08.11.标题:"海上丝绸之路".

(根据相关资料编写)

二、"一带一路"的现场知识竞答

在前期学习的基础上,以现场知识竞答的方式来加深教师们对"一带一路"的了解程度。为得分最高者颁发奖品,以资鼓励。

1. 丝绸之路始于(　　)多年前。
   A. 2 500　　　B. 3 000　　　C. 2 000　　　D. 1 500
2. 丝绸之路的起点是:
   A. 长安　　　B. 洛阳　　　C. 北京　　　D. 兰州

3. 下面哪首诗里描述的情景不会在古代丝绸之路上出现?
   A. 黄河远山白云间,一片孤城万仞山
   B. 青海长云暗雪山,孤城遥望玉门关
   C. 水光潋滟晴方好,山色空蒙雨亦奇
   D. 葡萄美酒夜光杯,欲饮琵琶马上催
4. 古代陆上丝绸之路的主要运输工具是:
   A. 牦牛   B. 骆驼和马   C. 帆船   D. 鸽子
5. 张骞出使西域后从西域传入中原的几种植物不包括下列哪一个?
   A. 石榴   B. 小麦   C. 葡萄   D. 核桃
6. 一位汉代富商到西域经商,归来时为家人带回一件西域特色礼品,最有可能是下列哪一个?
   A. 丝绸   B. 茶叶   C. 汗血马   D. 漆器
7. 下列航海工具中(   )为中国所发明。
   A. 六分仪   B. 星盘   C. 指南针   D. 十字测天仪
8. 古代海上丝绸之路突出特点是(   )。
   A. 茶叶   B. 陶瓷   C. 香料   D. 丝绸
9. 以下哪种舞蹈不是汉唐时期传入长安的西域舞蹈?
   A. 胡腾舞   B. 胡旋舞   C. 柘枝舞   D. 芭蕾舞
10. 在"一带一路"建设中,要积极开展(   )交流活动,支持沿线国家申办重大国际体育赛事。
    A. 体育   B. 教育   C. 文体   D. 文化
11. 中国倡导的"一带一路"建设将促进我国与世界各国的互利合作,根据规划,"一带一路"地区覆盖总人口约为 4 400 000 000 人,这个数用科学记数法表示为(   )。
    A. 44×10^8 B. 4.4×10^9 C. 4.4×10^8 D. 4.4×10^{10}
12. 相传,(   )脚趾甲出现缝的生理性状可能是融入了汉族与少数民族的生理特征。
    A. 拇趾   B. 食趾   C. 无名趾   D. 小趾
13. 郑和下西洋的海员没有坏血病的发生,主要是因为他们携带了豆子

及时补充了（　　）

　　A. 脂肪　　　　B. 维生素C　　　C. 蛋白质　　　D. 碳水化合物

14. 我国"一带一路"战略推进了能源的国际合作。在下列国际合作的能源中，均属于可再生能源的是（　　）

　　A. 核能、天然气　　　　　　　B. 太阳能、风能
　　C. 天然气、风能　　　　　　　D. 核能、太阳能

15. 丝绸之路除了是一条贸易通道，还将（　　）沿着这条路传遍全世界？

　　A. 麻疹　　　　B. 伤寒　　　　C. 霍乱　　　　D. 黑死病

16. 作为丝绸之路运输工具的马，用（　　）在沙漠中识别方向？

　　A. 眼睛　　　　B. 鼻子　　　　C. 耳朵　　　　D. 马蹄

17. 位于中国青海省的茶卡盐湖的主要成分以（　　）为主？

　　A. 氯化物　　　B. 氮化物　　　C. 钙化物　　　D. 氢化物

18. 以下哪一项不是丝绸之路经过的重要国内城市？

　　A. 兰州　　　　B. 敦煌　　　　C. 太原　　　　D. 和田

19. （　　）是"一带一路"的工业工程龙头？

　　A. 中国化学　　B. 露天煤业　　C. 厦门国贸　　D. 金鸿能源

20. 一带一路的英文缩写正确的是？

　　A. B&A　　　　B. B&C　　　　C. B&R　　　　D. B&L

三、探寻不一样的丝路故事主题研讨

经过"一带一路"相关知识内容的学习后，开始了全新的"主题派对式"跨界学习研讨。全体教师现场开展跨界头脑风暴，进行了一场以"一带一路"为主题的派对式跨界学习。这场主题派对式跨界学习就像一场知识的狂欢，各学科老师围绕"一带一路"，将此主题下的政治、历史、地理、文化、经济、科技、文学、艺术等知识进行了现场分享与互动，跨界研修激发了教师们的灵感与热情，不少老师们挖掘出"一带一路"主题下很多鲜为人知的小知识、小故事。

研讨内容精彩片段：

鲁波乐(数学老师)：古文明中的计数方法

(一) 介绍计数方法

丝绸之路上各个古代文明中计数方法的出现；

中国古代算筹和印度—阿拉伯数字的介绍—技术方法历史的变迁

(二) 介绍古文明中的计数方法

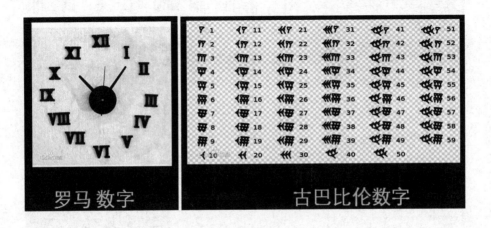

罗马数字　　古巴比伦数字

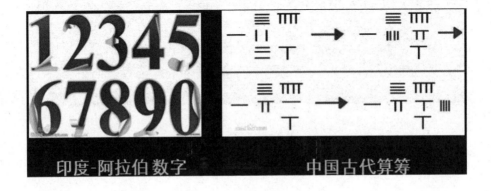

印度-阿拉伯数字　　中国古代算筹

（三）中国算筹 VS 印度-阿拉伯数字

单位数字：将筹棍竖排一根棍表示1,两根棍表示2,5根棍表示5。但从6至9数字的表示，不是并排6至9根筹棍，而是采用同位五进制，即用一根筹棍代表数码5,横放在筹数1至4的上方。

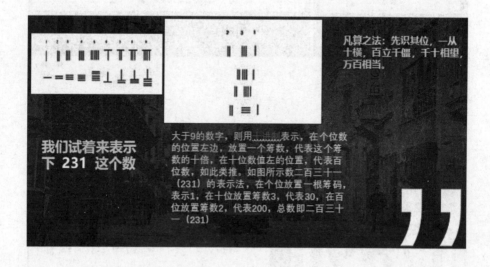

我们试着来表示下 231 这个数

大于9的数字，则用十进制表示，在个位数的位置左边，放置一个筹数，代表这个筹数的十倍，在十位数值左的位置，代表百位数，如此类推。如图所示数二百三十一（231）的表示法，在个位放置一根筹码，表示1,在十位放置筹数3,代表30,在百位放置筹数2,代表200,总数即二百三十一（231）

凡算之法：先识其位，一从十横，百立千僵，千十相望，万百相当。

（四）两种计算方法的交汇

公元9世纪：印度数字与印度天文学经由丝绸之路一道传入了中国，但由于筹算记数法与位置记数法完全一致，所以也没有采用。

公元13世纪：公元7世纪传入欧洲，已经在欧洲流传应用较为广泛的现代阿拉伯数字再次由丝绸之路传入中国的时候，由于我国人民已经长期习惯于使用算筹和算盘来记数和计算，觉得用起来很方便，所以并没有采用和推广阿拉伯数字系统，当时中国也有了"零"。

公元19世纪：随着我国对外国数学成果的学习与引进，现代教育传入中国，阿拉伯数码才作为现代教育体系的一部分得到了推广。我国才开始慢慢使用阿拉伯数字，算起来阿拉伯数字在我国推广使用也不过是100多年的时间。

（五）思考：两种计数方式的形式是否与当时的社会物资和书写材料的情况有关？

余菲（物理老师）：电能的丝绸之路

（一）背景介绍

"一带一路"国家，尤其是东南亚和南亚国家，电力资源开发利用程度、人均装机和发用电量水平远低于发达国家或较发达国家。据公开资料,"一带一路"国家人均电力装机为330瓦,远低于世界平均水平800瓦。其中南亚、东南亚、西亚和北非四个地区的人均装机容量水平最低,除新加坡外,东南亚地区的人均装机略高于300瓦,南亚则更低只有150瓦左右。

(二)"一带一路"背景下的电力合作

一是电源项目。投资范围涉及水电、火电、风电、核电以及新能源等各领域。一带一路火电项目目前已多达80个。

二是输变电工程项目。我国电网企业在巴基斯坦、菲律宾、巴西、葡萄牙、澳大利亚、意大利、新加坡、印尼、越南、柬埔寨等多个国家投资运营项目。

三是跨国电网互联互通。在"一带一路"背景下,我国已经与俄罗斯、蒙古、吉尔吉斯斯坦、越南、老挝、缅甸等国实现电网互联互通。除了中国与周边国家电网互联互通项目,"一带一路"沿线的东南亚、中亚、南亚、独联体等地区也提出了规模庞大的跨国联网计划。

(三)"一带一路"重大可再生能源发电项目统计

"一带一路"重大可再生能源发电项目统计

国家	可再生能源项目	国家	可再生能源项目
哈萨克斯坦	巴丹莎风电项目	沙特	达赫兰房建EPC项目
巴基斯坦	卡洛特水电站	英国	欣克利角核电项目
	吉姆普尔风电项目		潮汐发电项目
	达乌德风电项目		MORAY海上风电项目
	萨察尔风电项目	津巴布韦	卡里巴湖南岸水电站扩机项目
	大沃风电项目	埃塞俄比亚	阿达玛二期风电项目
老挝	南欧江梯级电站	喀麦隆	颂东水电项目
泰国	萨占提光伏发电示范项目	尼泊尔	西塞提河电站

注:据公开信息整理统计,不完全。

（四）点击"高压输电"的物理知识

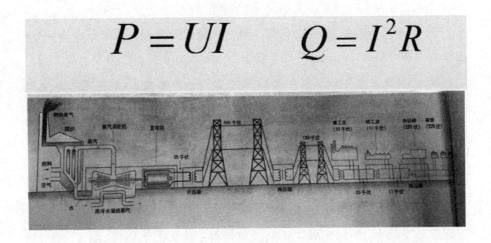

徐静（科学老师）：从郑和远航看中国古人的智慧

（一）远航与"坏血病"

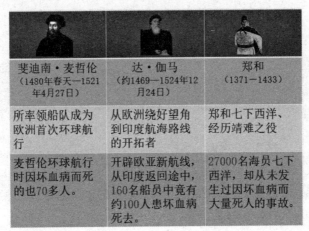

（二）思考：郑和带领27 000名海员七下西洋，为什么却从未发生过因坏血病而大量死人的事故？

（三）分析原因

与郑和下西洋中携带的食物有关。

豆子(以绿豆为例,绿豆在发芽过程中,维生素C会增加很多,而且部分蛋白质也会分解为各种人所需的氨基酸,可达到绿豆原含量的七倍。)

茶叶(以绿茶为例,较多的保留了鲜叶内的天然物质。其中茶多酚、咖啡因保留了鲜叶的85%以上,叶绿素保留50%左右,维生素C损失也较少。)

糙米(糙米中米糠和胚芽部分的维生素B和维生素E,能提高人体免疫功能,促进血液循环。)

黄玮(生命科学老师):丝绸之路与葡萄酒

(一) 中国葡萄酒业的开始

司马迁著的《史记》中首次记载了葡萄酒。外交家张骞(公元前138—前119年)奉汉武帝之命出使西域,从邻国学习并掌握了葡萄种植和葡萄酒酿制技术。

我国栽培的葡萄从西域引入后,先至新疆,经甘肃河西走廊至陕西西安,其后传至华北、东北及其他地区。

(二) 葡萄酒业的发展

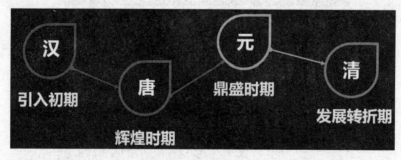

(三) 葡萄怎样变成葡萄酒?

酵母菌

发酵:微生物在无氧情况下获取能量的过程。

$$葡萄糖 \xrightarrow{发酵} 二氧化碳 + 酒精 + 能量$$

顾陈浩(化学老师)：丝绸之路之茶卡盐湖

(一) 介绍茶卡盐湖

茶卡盐湖在约 20 万平方公里的柴达木盆地中。总面积 105 平方公里，相当于 16 个杭州西湖一样大。

茶卡盐湖被旅行者们称为中国"天空之镜"，与塔尔寺、青海湖、孟达天池并称为"青海四大景"，被国家旅游地理杂志评为"人一生必去的 55 个地方"之一。

茶卡盐湖现储盐量达 4.48 亿吨，氯化钠含量高达 94%。

(二) 三大强酸之一——盐酸

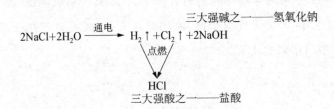

(三) 盐的提取方法

1. 如何从茶卡盐湖中得到盐呢？——直接捞盐
2. 如何从海水中得到盐呢？——盐田法：海水晒盐
3. 如何从岩盐中得到盐呢？——从地面上钻井到地下几百到几千米，一直钻到岩盐矿的下部，再下一根大钢管用水泥固好，然后在大钢管中插一根小管子，又从大管子中注水，水流到盐层中就把盐溶解成了盐水，盐水就沿小管子返回到地面了，这个过程就叫"溶解采矿"，是现在先进的采矿方法。

此外，历史老师刘梦图、吴元元为大家讲解了匈奴的消亡史，一解教师们对"匈奴的去向"的困惑；语文老师陈思新从《穆天子传》讲起，回顾了"丝绸之路"的重要文化价值；化学老师华晓燕与大家讲解"一带一路"的能源问题；思品老师张芳芳从新疆的穿戴服饰、流行食品来探究文化差异。地理老师孙洁从地理的角度剖析了新疆的地形，并与大家分享了在新疆旅游中的美食与美景；物理老师叶敏首先谈了谈他对丝绸之路的遐想，从物理学科的角度来看中国西传技术；跨界教研还邀请到了卢高的杨传彪老师，他为大家解说了"为什么要走丝绸之路",从地理角度谈学习总书记的"一带一路"伟大战略。老师们在这种高强度的学术学习和 Party 式交流中,打开了学习视野,分享了不同观点,这种合作、交流、共探、共享丰富了教师的知识储备,提升了教师的跨学科素养。

四、"一带一路"跨学科的教学设计

在"一带一路"主题派对式跨界教研中,老师们发现很多学科的知识,诸如历史、地理、思品学科有着交集。往往就是在交叉地带,会有新事物的产生,因而学科交叉点往往与创新、与新事物有着必然联系。在研讨的过程中,老师从各自的学科知识出发,寻找学科知识点之间的连接点与整合点。在跨界学习这一过程中,教师们通过对社会热点现象的分析,向大家揭示了其中运用的知识领域,在哥本哈根精神的引领下,在合作、交流、共探、共享中新的无边界课诞生了,历史老师刘梦图、地理老师吴丹、思品老师张芳芳在《驼铃声声》中带领同学们走进了"一带一路"……

驼铃声声(一)

历史部分:

导入:播放丝绸之路相关纪录片《新丝绸之路》(视频),学生通过观看视频的形式加强学生学习的兴趣,有一个学习历史的时代带入感。

(一)学生根据材料回顾张骞第一次出使西域的目的与结果。了解丝绸之路开辟的背景。

(二)教师讲述张骞第二次出使西域的基本情况,了解本次出使促进了汉与西域各国的经济文化交流;了解丝绸之路上东西经济文化交流的基本情况,并通过丝路上罗马帝国与汉帝国的交往来加深学生的理解。

(三)观察地图,了解丝绸之路的路线,思考为什么要走这条路,选择这些道路的原因是什么? 由此引入地理内容。

地理部分:

【教学目标】

1. 学生通过对水源分布、地形地貌特征、气候特点等地理因素的综合,能分析丝绸之路选址的自然原因。

2. 学生能通过对不同文本类型的解读，学会捕捉关键词，概括提炼和综合信息的途径和方法。

【教学方法】

小组任务驱动式

【教学安排】

1. 5 分钟小组解读文本

2. 10 分钟综合文本信息

【教学流程】

1. 以 e-Book 的形式呈现四类文本形式，并分别对应四种自然因素：

① 影音类文本——水源

② 地图类文本——地形

③ 文字图表类文本——气候

④ 图片类文本——地貌

e-Book 首页：

亲爱的同学，请你带着以下思考开始今天的文本阅读：

① 我在文本中捕捉到的几个关键词是……

② 这些关键词连通了我的思维，我将这段文本用 2—3 句话概括为……

e-Book 尾页：

亲爱的同学，文本阅读结束了，回到我们一开始的问题：

① 我提炼的关键词是……

② 这段文本主要说明了……

（请将 iPad 页面停留在你认为最能表达你得出的结论的文本部分，为大家投屏展示并作简要讲解。）

2. 小组交流讨论：全班分为 8 个组，每 2 个小组解读一类文本（文本内容不同）。

3. 反馈展示：

① 白板左屏：展示丝绸之路线路图

② 白板右屏：教师板书（思维导图形式）——自然地理原因（水源、地形、

地貌、气候)

③ 后屏：学生文本讲解

④ 侧屏：小组分组讲解内容(后屏可同步)

驼铃声声(二)

历史部分：

通过史料引导学生认识古代中国对于对外交往的真实态度：

使用的不是战马和长矛，而是驼队和善意——丝路精神：和平合作

"丝绸茶叶陶瓷萃，商贾僧人行旅偕"，古丝绸之路不仅是一条通商易货之道，更是一条交流互鉴之路。——丝路精神：互学互鉴

跨越不同国度和肤色人民的聚居地。不同文明、宗教、种族求同存异、开发包容、共同发展。——丝路精神：开放包容

陆上"使者相望于道，商旅不绝于途"——丝路精神：互利共赢

可以说：古丝绸之路创造了地区大发展大繁荣。

思考如今国家重新提出丝绸之路等相关历史有何深意。由此引入思品内容。

思品部分：

【教学目标】

1. 学生通过读图、资料包的学习，了解"一带一路"实施的具体内容；

2. 学生从国际、国内、经济支持、取得的初步成就等层面，绘制思维导图。

【教学方法】

小组合作、任务驱动

【教学安排】

1. 教师介绍一带一路的主要内容，5分钟；

2. 学生学习资料包，了解"一带一路"的相关内容，10分钟；

3. 学生分组材料，就相关部分的内容寻找原因，得出结论，15分钟；

4. 学生反馈交流。

【教学流程】

1. 教师介绍一带一路提出、主要路线等的主要内容；

2. 分组学习，全班分为6个组，每组一个主题，探寻一带一路；

(1) 国内发展因素

(2) 国际原因（国际社会、中国外交政策）

(3) 经济支持

(4) 取得的初步成就（国内、国际）

3. 小组读图、阅读文本，提炼关键信息，绘制思维导图；

4. 反馈展示：

将本组寻找的原因、得出的结论向全班解读，画出有关"一带一路"相关内容的思维导图。

五、"一带一路"的教学思考与展望

以下为思品老师张芳芳经过跨界学习、研发无边界课程、实施课堂教学后的教学反思。她的反思呈现了历史、地理、思品三位老师在确定教学目标、教学内容与课堂亮点的全过程。在这节课后，三位老师决定沿着"一带一路"的主题，继续研发《驼铃声声》系列课程。

1. 从"驼铃声声"到"一带一路"

这节无边界课的题目一开始定为"驼铃声声"。因为在历史的教材有专门的篇幅讲"丝绸之路"，地理的教材中也讲到了"丝绸之路"。综合文科组里展开了多次讨论：思想品德学科要不要加入？

翻开初中思想品德的教材，并没有专门讲授这一内容的文字。但是从时政的角度来看，"一带一路"恰恰是"丝绸之路"在当代的延续和发展，古丝绸之路上书写下的具有顽强生命力的丝路文明，已深深地融入到我们中华民族的血液之中。这一社会热点话题应该是由思想品德学科来宣传和讲述。

在课前我调查了学生对"一带一路"的知晓程度，绝大多数学生听到过这一名词，但是对具体的内容知之甚少。教材中没有专门的章节讲到"一带一路"这一内容，但经过认真梳理可以发现有一系列与之相联系的知识点：国情、综合国力、改革开放、中华民族精神……如在九年级的开篇，就提出了国情国策的学习要求。了解国家的现实国情，理解国家重大政策的制订依据，

是对有一定认知和分析能力的中学生提出的要求。开展"一带一路"这一专题的学习，一方面，学生要了解的相关内容，需要以书本的知识点作为储备，这样可以有效地激发学生学习的兴趣和热情。另一方面，"一带一路"中国方案的提出，是根据我国的国情制定出的重大战略决策。了解国情才能明确我国重大国策的制订依据，这也是思想品德课国情教育的一方面。思想品德是一门显性的德育课程，通过时政知识的专题学习，向学生宣传党和国家的重大方针政策，让学生对"一带一路"提出的迫切性有更深的认识，可以引导学生"家事、国事、天下事，事事关心"，激发中学生热爱祖国、热爱党。

正是因为有思想品德学科的加入，通过"一带一路"这一专题，我们呈现给学生的就是更加丰富和更为完整的学习内容，学生将不仅仅了解历史中发生的事件，还能知道身处的当代中国正在做些什么，这样有助于激发学生主动关心时政的热情，加深对国家政策的认识和理解、了解国家的发展，培养学生热爱祖国、热爱社会主义的情怀。

2. 从十分钟到四十分钟

在和另两门学科的老师讨论课堂的整体结构的时候，一开始提出思想品德板块讲十分钟。这些时间完全可以把"一带一路"的主要内容讲得清楚明白。政策宣传需要讲授。但是仅仅把知识点讲清楚就够了吗？

我们生活在互联网+的当下，学生完全可以通过网络直接寻找到"一带一路"的相关知识，这一能力学生是驾轻就熟的。可见，我们在课堂上不仅仅要做一个"讲述者"，更重要的是要将本学科相关的学习方法教给学生，让学生由被动地接受知识转变为主动地学习，引导学生学会思考，学会发现问题。

这也符合建构主义的理论，根据这一理论，学习应该是一个积极而主动的过程。在这一过程中，学习者知识的获得要在一定的情境下，通过教师的指导、同学间的交流来实现。我们的授课对象是初中的学生，他们对知识点的接受程度会受到年龄特点、认知能力的限制。在此过程中，需要教师在课堂上扮演的角色为学生提供一个范式，让学生在感性体验中增强发现问题的能力，有助于引导学生解决生活中遇到的实际问题。

因此十分钟是远远不够的，几经修改，思想品德这一板块扩展到了四十分钟。课堂的容量扩充了，但教师的讲述时间减少了。整堂课借助"图说"的形式和学生展开了共同的学习。"图说"主要通过以下三种形式呈现：

一是出示"一带一路"的具体路线图,请学生看图并进行描述。这一环节考验的是学生的读图能力,相对比较简单。

二是给出相关的时政漫画,配合简单的背景文字材料,让学生读出漫画的含义。这个环节对学生的能力要求相对提高,学生需要有一定的时政知识和学科知识的储备,对学生的文本阅读能力有一定的要求,考验学生的理解能力。

三是画出"思维导图"。学生分析时政漫画的原因,得出结论,就自己小组的信息画出简单的思维导图。在这个环节中对学生能力的要求就更高了。学生首先要在文本中判断真实、有效的信息；接着要运用比较、分类等方法,对收集到的信息进行整理,寻找出关键信息；然后要根据收集到的信息作出合理的推动,这大大考验了学生的分析和归纳的能力。

爱弥儿·涂尔干曾经说过："培养心智的目标只能在于养成一定数量的思维习惯和态度,能够使心智对于最重要的那些事物形成充分的观念。"这次的课是促进学生核心素养发展的一次尝试,学生的学习兴趣在此过程中得到激发。在这一堂课中,学生成为了学习的主体,他们开展合作共研,认真地阅读文本、查找资料、绘制思维导图。在介绍的环节中更是侃侃而谈,将自己已有的知识融会贯通。学生在课堂上呈现出的闪光点让我大吃一惊,我看到有的学生知识面十分丰富：如有学生在讲到国际原因时竟然还能讲出伊拉克战争造成中东局势动荡的观点。有的学生归纳能力十分强,绘制出精彩的思维导图。

第四部分　跨界学习的案例分享

案例一： 文学与艺术的跨界学习

文学与艺术主题来自于学校跨界学习规划的素养模块。该模块的主要课程目标如下：通过文学与艺术为主题的跨界学习，增强教师文学与艺术素养，提升教师文学与艺术欣赏水平；通过文学与艺术为主题的跨界学习，激发教师思维，提升教师课程开发能力与课堂教学能力；通过文学与艺术为主题的跨界学习，促进教师养成教学反思的习惯与乐于合作的团队精神。

本案例是文学与艺术主题的一个子课程，聚焦于文学与艺术的草木杂说。主要的跨界学习过程如下：

自主学习与交流研讨阶段。教师能较好地进行文本阅读，并通过自主搜集材料、交流讨论，认真填写学习单。在主题活动中，教师能全情投入朗读诗歌、体验舞蹈与绘画创作。

头脑风暴阶段。教师们能畅所欲言，真诚分享自己对所学内容的见解，尤其是理科老师，坦言这次跨界学习拓展了自己的文学、艺术知识，表示有进一步了解文学、艺术的学习兴趣。在此阶段，教师们经过思维碰撞，产生了学科与学科知识之间的联结点，合作教学初见成效。

共同合作教学设计阶段。教师们能根据确定的教学主题，进行资料搜集、寻找相关教学工具、遴选合适教学内容等活动，在这一环节教师再次进行了个性化跨界学习。

实践操作、集体观摩、评议反思阶段。教师们能亲身体验跨学科教学设计的教学过程，并对教学设计、课堂实施等环节进行交流评议，促进教师进一步反思自己的教学。见图4-1，文学与艺术的草木杂说的跨界学习流程图。

图 4-1　文学与艺术的草木杂说的跨界学习流程图

1. 明确主题：草木杂说

花中四君子——梅兰竹菊

中国人对于花中四君子梅兰竹菊的称赞由来已久，自是达成共识。梅兰竹菊，占尽春夏秋冬，中国文人以其为"四君子"，正表现了文人对时间秩序和生命意义的感悟。梅，剪雪裁冰，一身傲骨；兰，空谷幽香，孤芳自赏；竹，筛风弄月，潇洒一生；菊，凌霜自行，不趋炎附势。梅兰竹菊分别代表傲、幽、坚、淡的品质。正是根源于对这种审美人格境界的神往，它们成为中国人感物喻志的象征，也是咏物诗和文人画中最常见的题材。

阅读文本：

梅、兰、竹、菊的属性介绍

如：梅（学名：*Armeniaca mume* Sieb.）：小乔木，稀灌木，高 4—10 米；树皮浅灰色或带绿色，平滑；小枝绿色，光滑无毛。叶片卵形或椭圆形，叶边常具小锐锯齿，灰绿色。花单生或有时 2 朵同生于 1 芽内，直径 2—2.5 厘米，香味浓，先于叶开放；花萼通常红褐色，但有些品种的花萼为绿色或绿紫色；花瓣倒卵形，白色至粉红色。果实近球形，直径 2—3 厘米，黄色或绿白色，被柔毛，味酸，果肉与核粘贴，核椭圆形，两侧微扁。花期冬春季，果期 5—6 月。

梅原产中国南方，已有三千多年的栽培历史，无论作观赏或果树均有许多品种。许多类型不但露地栽培供观赏，还可以栽为盆花，制作梅桩。鲜花可提取香精，花、叶、根和种仁均可入药。果实可食、盐渍或干制，或熏制成乌梅入药，有止咳、止泻、生津、止渴之效。梅又能抗根线虫危害，可作核果类果树的砧木。

梅花是中国十大名花之首,与兰花、竹子、菊花一起列为"四君子",与松、竹并称为"岁寒三友"。在中国传统文化中,梅以它的高洁、坚强、谦虚的品格,给人以立志奋发的激励。在严寒中,梅开百花之先,独天下而春。

梅、兰、竹、菊的意象解读

如松、竹、梅合称"岁寒三友",梅、兰、竹、菊合称"四君子"。无论是"岁寒三友"还是"四君子",梅花都在其中。足见古代文人对梅花的偏爱与推崇。文人为何如此看重梅花?是因为梅花身上有两个特质:一是傲雪,二是清香。

在百花凋谢,飞雪飘零的季节,梅花能够独自盛开,其傲视冰雪的气质,与文人自身的清高与坚韧品质相类似,于是文人墨客自然而然地将梅花比作了自己。"宝剑锋从磨砺出,梅花香自苦寒来"、"不经一番寒彻骨,怎得梅花扑鼻香"、"已是悬崖百丈冰,犹有花枝俏"这些诗句,都是点赞梅花的傲视冰雪品质。

梅花的香气清幽淡远,与其他浓烈的花香相比较,显得与众不同,卓尔不群,而这正是古代文人看重的地方。它与文人墨客身上的洁身自好、孤芳自赏的清高气质极度相似,所以梅香备受推崇。"零落成泥碾作尘,只有香如故"、"遥知不是雪,为有暗香来"、"疏影横斜水清浅,暗香浮动月黄昏"、"不要人夸颜色好,只留清气满乾坤"这些诗句,都是夸赞梅香的经典句子。

正因为梅花的傲雪兼清香与文人追求的坚强与卓越高度吻合,梅花"百花之首"的地位,牢不可破。千年以来吟咏梅花的诗篇,是繁若星辰,数不胜数。能成为其中的佼佼者的诗篇,大多是围绕梅花上述两个特质来抒情的。

梅、兰、竹、菊的经典诗作

如:卜算子·咏梅　毛泽东

风雨送春归,飞雪迎春到。已是悬崖百丈冰,犹有花枝俏。

俏也不争春,只把春来报。待到山花烂漫时,她在丛中笑。

卜算子·咏梅　陆游

驿外断桥边,寂寞开无主。已是黄昏独自愁,更著风和雨。

无意苦争春,一任群芳妒。零落成泥碾作尘,只有香如故。

提供梅、兰、竹、菊的经典画作

王冕学画的故事为众人熟知。清代朱方蔼曾说:"宋人画梅,大都疏枝浅蕊。至元煮石山农(王冕)始易以繁花,千丛万簇,倍觉风神绰约,珠胎隐现,为此花别开生面。"这一幅"墨梅图"即是繁花的代表作。此图作倒挂梅。枝条茂密,前后错落。枝头缀满繁密的梅花,或含苞欲放,或绽瓣盛开,或残英点点。正侧偃仰,千姿百态,犹如万斛玉珠撒落在银枝上。白洁的花朵与铁骨铮铮的干枝相映照,清气袭人,深得梅花清韵。干枝描绘得如弯弓秋月,挺劲有力。梅花的分布富有韵律感。长枝处疏,短枝处密,交枝处尤其花蕊累累。勾瓣点蕊简洁洒脱。王冕墨梅出于北宋扬无咎派。但宋人画梅大都疏枝浅蕊。此幅则写繁花密枝,别开生面。

《红楼梦》中的草木风情

《红楼梦》中植物数量之多,种类之繁,有数据为证。台湾地区植物学家潘富俊博士统计《红楼梦》书中总计谈到 237 种植物。湖南刘世彪教授进行了更加精细的统计:从作品描写涉及的现实中的植物,到引用古籍中的植物和虚构或杜撰的植物,共有 244 种,仅大观园中栽培和提及的植物就有 80 余种。这些花草在曹雪芹的匠心独运下在刻画人物、渲染环境、表达情感等方面起到了不可忽视的作用,形成了一个摇曳多姿、梦幻灵动、异彩纷呈、文学意蕴丰厚的艺术世界。

《红楼梦》中的草木风情概述:

《红楼梦》第1回就为我们创设了一个似真似幻、唯美缥缈的神话传说。在这一神话故事中,出现了两种花草——蜜青果、绛珠草。林黛玉的前身是一株濒临干涸的绛珠仙草,她得到贾宝玉的前身神瑛侍者的浇灌,才得以脱去草木本质化成了人形貌,修成女体之后,食蜜青果为膳,饮灌愁海水为汤。由此可见,蜜青果和绛珠草这两种草木是作者笔下首先出现的意象,具有明显的指向意味。"蜜青"的谐音是"觅情",绛珠草的本质原是柔弱的草木,颜色赤红,让人想到绯红的血,所以蜜青果和绛珠草在"还泪"的预设下,构成了林黛玉以草木之躯,一生寻觅追求真情,并且穷尽了毕生的血泪,还报灌溉之情的悲剧宿命。

《红楼梦》全书故事的主要发生地点就在大观园中。在大观园里总共出现了莲、竹、柳、桃、梅、海棠、杏、兰、芭蕉、牡丹、荼蘼、芍药等73种花草。其中不少花草形象出现在不同的人物居所中。如贾宝玉居住的怡红院种植了西府海棠、芭蕉、竹、柳、松、蔷薇、宝相等,营造了一个雍容华贵、富丽堂皇的院落。贾宝玉的院子初名红香绿玉,后改名怡红快绿,院子里的西府海棠、桃花、蔷薇等都是为了凸显"红"这一特点。此外,宝玉的前身是居住在赤霞宫的神瑛侍者,"赤"与"绛"无不与"红"相照应,从旁点缀的芭蕉、竹、柳、松等植物又与院名中的"绿"照应,整个怡红院笼罩在一派红情绿意的氛围之中。林黛玉的潇湘馆栽种的是竹、梨花、芭蕉、苔藓、水仙等草木。芊芊翠竹、深浅不一的苔痕、阔大的芭蕉叶和淡白的梨花,处处透露出主人孤洁恬静、清幽高雅的性格。薛宝钗的蘅芜苑中无一株花木,全由藤萝、杜若、蘅芜、茝兰、金草、紫芸等各类香草配置点缀而成,无浓郁花香却能随风传来阵阵清冷的异香,与满眼的冷绿配合,呼应着薛宝钗为人低调,克己复礼的性格与人生态度。探春的秋爽斋种植梧桐、芭蕉。探春爱芭蕉,第37回众人在秋爽斋结海棠诗社,探春原本给自己取了个"秋爽居士"的雅号,宝玉觉得"居士"二字不恰当,让她在梧桐、芭蕉里选一个,探春笑道:"有了,我最喜芭蕉,就称'蕉下客'罢。"后来,她就自称"蕉下客",大家都喊她蕉丫头。秋爽斋的绿无疑带着一种朗阔和温热,这就暗示了探春豪爽阔达的性格特质。

由此可见,这些花草的特点与其院落的主人有着千丝万缕的联系。在这些草木中,芭蕉这一常见的庭院植物受到了大家的喜爱。如前所述,贾宝玉的怡红院、林黛玉的潇湘馆、贾探春的秋爽斋中都种植了芭蕉。芭蕉这一形象是文学作品中古已有之。有学者统计了《全唐诗》和《全唐诗补编》中有关芭蕉的诗篇,发现芭蕉题材的诗歌共计 17 首。其中有关"蕉叶题诗"内容的就有很多。韦应物有"尽日高斋无一事,芭蕉叶上独题诗"。岑参有"江鸟飞入帘,山云来到床。题诗芭蕉滑,封酒棕花香。"司空图有"雨洗芭蕉叶上诗,独来凭槛晚晴时。"可见,"蕉叶题诗"是志趣高尚文人的雅趣,反映了他们高雅的文化才情和脱俗的气质心性。在《红楼梦》中与芭蕉相关的主要意象除了有以上提到的蕉叶题诗,还有雨打芭蕉、蕉鹿梦等。而探春是《红楼梦》所有人中,与芭蕉的清新、雅致风格最相符的。探春发起建立了海棠诗社。她向宝玉投递了结社的花笺,内容精致文雅:"娣探谨奉二兄文几:前夕新霁,月色如洗,因惜清景难逢,讵忍就卧,时漏已三转,犹徘徊于桐槛之下……风庭月榭,惜未宴集诗人;帘杏桃溪,或可醉飞吟盏。孰谓莲社之雄才,独许须眉;直以东山之雅会,让馀脂粉。若蒙棹雪而来,娣则扫花以待。此谨奉。"正因为探春向往清新朗阔的境地,所以才会在午夜时分,不忍入睡,徘徊在门前的桐树下,欣赏月色如洗的清景。相比于黛玉的孤高独立和宝钗的清净自守,探春是活的最真实、最朗阔的一个女子,她既懂得阳春白雪的高雅,也能欣赏下里巴人的质朴。所以她吟出了"玉是精神难比洁,雪为肌骨易销魂"的风致高雅,也咏出了"长安公子因花癖,彭泽先生是酒狂"的直朴豪爽。这样的探春展现出一种精神纯度和才学高度,又极具风雅的美感与清幽的心灵,这与她深爱的芭蕉形象所意蕴的清新朗阔风格特质是十分吻合的。

《诗经》草木,意境初生

草木,这是古诗中最常见的事物,草木穿越时空,古今俱在,如一座桥梁,沟通现在和过往,打破隔膜。草木本身无情,在《诗经》中却焕发出如此多的美感,如《蒹葭》的朦胧缥缈、《桃夭》的热烈喜庆、《黍离》中的哀伤等等,通过草木和其他意象的融合,诗歌中的意境开始萌生,这对后来诗歌的启迪作用非同小可。

《诗经》中的草木意象与意境初探:

● 《诗经》中的植物意象的选择性

《诗经》中出现的草木繁多,但与一般的植物著作不一样的是,《诗经》中出现的植物大多是诗人有意选择而为之,这些植物不是机械罗列、堆砌,而是为了更好地寄托情思,传达观点。《诗经》对草木的这种选择性首先体现在草木的特性与诗人想要传递感情具有契合点。比如众所周知的《周南·桃夭》:

桃之夭夭,灼灼其华。之子于归,宜其室家。

桃之夭夭,有蕡其实。之子于归,宜其家室。

桃之夭夭,其叶蓁蓁。之子于归,宜其家人。

《周南·桃夭》全诗共三章,表达的是对新娘的祝福。每章的开头两句是起兴句。其诗开头便有:"桃之夭夭,灼灼其华。之子于归,宜其室家。"《毛传》曰:"夭夭,其少壮也。灼灼,华之盛也。"显而易见,"桃之夭夭"展现的是春回大地,桃树新生,枝条柔嫩、随风招摇的样子。"灼灼"二字连用,温暖热烈的感觉扑面而来,用这两个字形容桃花怒放时的热烈灿烂可谓绝妙。以桃花开篇起兴,既如朱熹所说"然则桃之有华,正婚姻之时也",点名婚嫁的时节,桃花也有更深刻的意蕴,诗人用怒放的桃花,渲染了婚礼的喜庆、热烈,给人以丰富的联想:那在风中舞动的桃枝,不好像新娘窈窕婀娜的身姿吗?那娇艳的桃花,不正如新娘艳丽的面容吗?人面桃花,相映成辉,令人联想感慨,从诗歌中看到画面。可以说,此处的"桃花"不是诗人随意选择,而是诗人精心挑选的,能与自己的情思有关联的物象。通过这一草木物象,情感内涵得以生动形象地传递出来。可以说,草木物象在营造氛围,抒发饱满、复杂、丰富的感情上起到了很重要的作用。除了《周南·桃夭》,《小雅·采薇》中的草木物象也有这样的作用。《小雅·采薇》是一首士兵归家途中吟咏的诗篇,写的是他对激烈紧张的战争生活的感慨和回家途中的体悟。他因外族的入侵而被迫走上战场,激烈、频繁的战事,以及遥不可及的归家日期,让他忧心忡忡:

"忧心烈烈,载饥载渴。我戍未定,靡使归聘",

"王事靡盬,不遑启处。忧心孔疚,我行不来"。

惨烈的战事终于结束,他拖着疲惫的身躯踏上归途。诗的最后写道:

"昔我往矣,杨柳依依。今我来思,雨雪霏霏。行道迟迟,载渴载饥。我心伤悲,莫知我哀!"

在这里,诗人感时伤事,借物象抒情。"杨柳依依"是来时的家园之景,"雨雪霏霏"是当下的旅途之境,依依杨柳与霏霏雨雪并举,家园的美好谐和与旅途的艰辛恶劣相对比,铺设别离与归来的两幅图景,映衬了征夫回家途中喜悲交织的心理,烘托出诗人内心复杂的思想感情,极富有形象性和艺术感染力。"昔我往矣,杨柳依依。今我来思,雨雪霏霏"这四句更是成了千古传诵的名句,历代学者对之都有很高的评价。清人方玉润说:"此诗之佳,全在末章,真情实景,感时伤事,别有深情,非可言喻。"因而这种"非可言喻"之情正是通过娇嫩扶风的杨柳意象与寒风冷雪苦雨的映照,氛围有了,意境呼之欲来,通过实实在在的意象状难描写之情。"杨柳"、"雨雪"构成了一种只可意会不可言传的妙境,令人回味无穷。后世论家所津津乐道的情景交融的意境美便滥觞于此。

• 草木意象与意境美

在《诗经》中不少诗篇的物象和诗人的情感很好地融合,加之抒发的感情淳朴、自然、真实,从而使诗歌具备了境界的特征,其中有我之境如《周南·卷耳》:

采采卷耳,不盈顷筐。嗟我怀人,寘彼周行。

陟彼崔嵬,我马虺隤。我姑酌彼金罍,维以不永怀。

陟彼高冈,我马玄黄。我姑酌彼兕觥,维以不永伤。

陟彼砠矣,我马瘏矣。我仆痡矣,云何吁矣!

这是一首怀人之诗,写的是一个漂泊在外的人虽然对妻子万分想念,但却不得不驾车驱马、在外流离奔波,这种满心的忧伤和惆怅无从派遣,诗人只能借酒浇愁,却只能是让愁更愁。采采,毛传作采摘解,朱熹《诗集传》云:"非一采也。"而马瑞辰《毛诗传笺通释》则认为是状野草"盛多之貌"。卷耳：别名苍耳菊科,一年生草本植物,其实枣核形,上有钩刺,名"苍耳子",可入药,嫩苗可供食。总的来说,卷耳是乡间常见的一种植物,但它的作用却不小,所以乡间妇人会在春日采摘它们。诗人通过卷耳这一草木意象加上采摘的这一动作、构成了一幅原本稀松平常、此刻却富含深意的一幅画面,妻子的思念、丈夫的惆怅都在画面中得以展现。卷耳这个单一的意象又和其他物象互相生发组合,共同创造意境。在此诗中,卷耳这一物象营造出无迹的田野,盎然的绿意,这一温情的物象组合了病马、高冈、乱石等物象,愈发突出家中之人温暖,在外漂泊更悲苦,两两对比,思念之情更加强烈。"以我观物,故物皆着我之色彩",其情真、其物我相融,境界乃出。

草木就如同还原剂,给我们重现了几千年前的场景,让人身临其境,产生亲切感、真实感,这是诗歌存活新鲜的要素之一。《诗经》这种凭借草木等意象,隐喻、象征一些情感,从而使《诗经》含蓄,悠长。这一传统对中国古代诗歌影响深远,它不仅开启了中国诗歌含蓄美的追求之风,而且这种含蓄还为后代诗歌的构思创造了一种主要范式：借草木等意象,构成一种韵味无穷的艺术境界。在这里情与景、心与物,就总体而言虽尚未达到交融合一的境界,却是情景结合的开端,从根本上决定了中国古典诗歌以情景关系为主题的表现特征,为中国美学独特范畴意境的最终成熟奠定了基础。这种含蓄美的艺术范式,成为历代诗人艺术追求的目标,也成为历代学者评诗论诗的艺术标准。

（根据相关资料编写）

2. **自主学习,交流研讨**

（1）中心组教师们自主学习阅读提供的关于"梅兰竹菊"的相关文本、画作、视频等资源。

（2）《红楼梦》中的女子千姿百态,在以下提供的花植中,请以小组合作的方式,选择出与女子气质相对应的品种进行连线,并说明理由。

林黛玉	柳絮
袭人	兰
香菱	荷花
贾元春	香橼
贾迎春	柳
李纨	桃
贾惜春	长生果

3. 头脑风暴，激活思维

采用主题研讨式跨界学习方式，中心组教师们自主交流对文本的见解，活动后的感受，谈文本/活动给自己的启发，以及文本材料/活动内容与本学科的关联。

课程教学实况再现：在学习了"梅兰竹菊"材料后，语文老师李莹莹首先说道："课文《爱莲说》里有一段话'水陆草木之花，可爱者甚蕃。晋陶渊明独爱菊。自李唐来，世人甚爱牡丹。予独爱莲之出淤泥而不染。'从周敦颐的这段话可以看出，世人对莲花、牡丹、菊的喜爱出于各自的喜好。深究梅兰竹菊之所以被众多文人所歌颂，与文人寄托在它们身上的情思息息相关。比如陆游的《卜算子·咏梅》'驿外断桥边，寂寞开无主。已是黄昏独自愁。更著风和雨。无意苦争春，一任群芳妒。零落成泥碾作尘，只有香如故'这首词中，寄托了诗人对理想人格的追求，同时，又以梅花那种不同流合污，不畏谗毁、贞洁自守、卓然独放的品格暗喻自己遗世独立的君子性格。"

美术老师董丹阳随后补充："就我所知，梅入画，有史载始于南北朝，至宋方盛。梅花最令画家倾倒的气质，是一种寂寞中的自足，一种'凌寒独自开'的孤傲。它不屑与凡桃俗李在春光中争艳，而是在天寒地冻、万木不禁寒风时，独自傲然挺立，在大雪中开出满树繁花，幽幽冷香，随风袭人。中国历代均有画梅名家，他们用单纯的水墨和清淡野逸的笔致，生动地传达出了梅花的清肌傲骨，寄托了文人雅士孤高傲岸的情怀。大家可以去欣赏历代名家经典画梅作品。"

生物老师娓娓道来："在梅兰竹菊四君子中，我个人偏爱竹子。竹子品种繁多，有箭竹、斑竹、毛竹等。竹为多年生禾本科竹亚科植物，茎为木质，是禾本科的一个分支，在热带、亚热带地区，东亚、东南亚和印度洋及太平洋岛屿上分布最集中，种类很多，有的低矮似草，有的高如大树，生长迅速。通常通过地下匍匐的根茎成片生长，也可以通过开花结籽繁衍，种子被称为竹米。有些种类的竹笋可以食用。竹枝杆挺拔，修长，四季青翠，傲雪凌霜，倍受中国人喜爱，所以古今文人墨客，爱竹咏竹者众多。"

4. 跨界组合，设计教案

在聆听了中心组教师的发言后，中心组教师自行找寻相关学科教师，商讨能否进行跨学科设计，进而进行无边界课程的设计。

课程教学实况再现："何不设计一节以'梅兰竹菊'四君子为主题的课，让学生对古往今来深受人们欢迎的四种花植有一个更深入了解？"李莹莹老师提出这样一个想法，"我可以从初中阶段学过的《爱莲说》出发，结合"梅兰竹菊"四君子，请学生在这四种植物中选出自己最喜爱的一种，并仿照《爱莲说》中的句式"予独爱莲之出淤泥而不染，濯清涟而不妖，中通外直，不蔓不枝，香远益清，亭亭净植，可远观而不可亵玩焉。"用文言文形式抒写出你对心中所属植物的情思。"

"如果把学生写出来的文字作为题款，与画结合，做一张电子书签，这应该是一项很有创意的活动。"美术老师周芸颉灵感一现。

"这真是一个好主意。看来，我们俩得一起去找找信息技术老师，看他能否给我们提供一些 APP，来实现我们的 idea。"李莹莹说道。

这样，在阅读文本，激活思维，头脑风暴后，语文老师与美术老师找到了这一节无边界课的创生点。

在教师们合作设计教学设计时,实际上又进行了跨界学习。与集体进行跨界学习不同,此时的跨界学习是个性化的,或者是双方在磨课的过程中,分别对对方学科知识点有了更深的了解,或者是自己在备课过程中吸收了其他知识或技能,从而经历了跨界学习的过程。

例如,在与美术老师周芸颉共同备课的过程中,语文老师李莹莹了解了题款的两种书写形式:直题式和横题式,并对国画中"留白"的概念有了更深的体会。经周老师的介绍,她还知道了三种在画中放置题款的方法,即平衡法、呼应法和随形法。周老师还找来倪瓒《渔庄秋霁图》、齐白石的《墨兰图》、边寿民《花卉》等图让她进一步加以欣赏。可以说,在与周老师的备课过程中,李老师再次实现了跨界学习,对绘画的认知得以加深,艺术修养也得到加强。

5. 实践操作,集体观摩

经历了前期的跨界学习与合作备课,此时研发的无边界课教学设计已得以完成。学校组织中心组教师集体观摩无边界课的教学。见案例4-1,妙笔生花——寄情梅兰竹菊》教学设计。

案例4-1 《妙笔生花——寄情梅兰竹菊》教学设计

妙笔生花:寄情梅兰竹菊
李莹莹　周芸颉

【教学目标】

1. 引导学生运用文言文知识仿写句子,体会托物言志的写作手法,重温"梅兰菊竹"四君子的风骨;

2. 了解题款在图画中的位置等知识;

3. 引导学生创作出"梅兰竹菊"的题款、图画。

【教学重难点】

1. 运用文言文仿写句子,体会托物言志的写作手法;

2. 学生创作出"梅兰竹菊"的题款、图画。

【无边界渗透点】

从学生初中阶段学过的《爱莲说》出发,《爱莲说》中提到人们心中都会有自己"独爱"的一种"草木之花","梅兰竹菊"作为历来被世人吟咏的植物,请学生在这四种植物中选出自己最喜爱的一种,并仿照《爱莲说》中的句式"予独爱莲之出淤泥而不染,濯清涟而不妖,中通外直,不蔓不枝,香远益清,亭亭净植,可远观而不可亵玩焉。"用文言文形式抒写出你对心中所属植物的情思。

学生要完成这一任务有一定难度,因为周敦颐这一段抒写"爱莲"的理由,既涉及到莲花的植物属性特点、生长环境,又含蓄地赋予了莲花品质的象征。学生要在"梅兰菊竹"中挑选自己最喜爱的一种,继而抒意,势必要对这四种花植有一个深入地了解,再根据自己的喜好做出选择。仿照《爱莲说》的文言文句式来抒发自己的喜爱之情,既可以让学生进一步巩固文言文的知识点,体会托物言志的写作手法,又可以活学活用,创设学生使用文言文的情境。在任务的驱动下,学生的学习热情被点燃。语文老师指导学生用古文句式写出钟爱"梅兰菊竹"的理由,将之形成题款。(由美术老师教学生题款在图画中的摆放位置等知识。)最终,让学生创作出题款与图画结合的作品,从而抒发对花植的喜爱之情。

【教学过程】

一、导入

解释《爱莲说》题目的意思。

二、赏析《爱莲说》中爱莲的句子

1. 找出文中作者喜爱莲花的理由的句子

"予独爱莲之出淤泥而不染,濯清涟而不妖,中通外直,不蔓不枝,香远益清,亭亭净植,可远观而不可亵玩焉。"

2. 作者喜爱莲花的什么呢?

出淤泥而不染,濯清涟而不妖——不随世俗、洁身自爱、不阿谀逢迎权贵
中通外直,不蔓不枝——行为正直、表里如一、不拉拢勾结
香远益清——品格高尚,声名远扬
亭亭净植——卓然挺立、坚守节操
可远观而不可亵玩焉——如君子般端正严肃、令人敬重

简而言之,作者是从莲花的生长环境、形态、气味入手,通过对莲花的描写和赞美,歌颂了君子"出淤泥而不染"的美德,表达了作者不与世俗同流合污的高尚节操和洁身自好的生活态度。

3. 如果将"予独爱莲之出淤泥而不染,濯清涟而不妖,中通外直,不蔓不枝,香远益清,亭亭净植,可远观而不可亵玩焉"作为题款放置在画中,最合适的位置是哪里呢?

三、讲授图画中题注的位置美感

(一) 补空——《歪瓶依菊图》

中国画的画面上常常留有大片的空白。而题款的位置选择上首先考虑的就是空白处。而题款在画面的空白处的摆放也不是随意的。

(1) 平衡——朱耷

在中国画中,画家往往会把图中物象的重量偏置于画的一边,或偏于上,或偏于下,或偏于右,或偏于左。使画中与之相对应的另一边失去重量,从而造成了画面的不平衡,而题款的题写则能让画面达到新的平衡。那我们在题写题款的要仔细观察画面,找到能让画面达到平衡的地方。

练习:齐白石《铁拐李》

(2) 呼应——《渔庄秋霁图》倪瓒

图中的近景山石和树与远景的远山被水面隔开,画面中部形成大面积的空白,显得空虚,缺少联系。画家在右边中上部向下题写了五行款文,就自然地将远景与近景联系了起来。在题写题款时,要选择能让画面的物象有所呼应的地方。

练习:齐白石《墨兰》

(3) 随形穿插——《花卉》边寿民

画家利用花卉下面的空间,参差不齐地题了五六行款文,既补充了下面

的空白,又对上方的花卉起到支撑作用。所以在选择物象较大的画面时,可以使用随形穿插的题款方式。但是要注意字体大小的控制。

(二) 画中题款

代皴款

器物款

四、布置任务

梅、兰、竹、菊作为"四君子"在中国传统文学中也拥有它无可取代的地位,承载着几乎所有华夏儿女的优良品质,故历来歌咏者不绝。

请你仿照《爱莲说》中:"予独爱莲之出淤泥而不染,濯清涟而不妖,中通外直,不蔓不枝,香远益清,亭亭净植,可远观而不可亵玩焉"的句式,运用托物言志的写作手法,写出你心中的最爱,**抒写对"梅兰竹菊"的喜爱之情,并将这段话作为题注放在画中合适的位置,形成自己的作品。**

五、学生活动

创作题款、图画,形成创意作品。

通过学生们的创意作品,学生们重温文人志士"居庙堂之高则忧其民,处江湖之远则忧其君"、"穷则独善其身,达则兼济天下"等等寄托在"梅兰菊竹"四君子身上的种种风骨。在对"梅兰菊竹"新的认知观下,让学生找寻自己最欣赏的一种花植,合力构建歌咏"梅兰竹菊"新的篇章。

(李莹莹)

案例二: 月亮弯弯的跨界学习

案例"月亮弯弯的跨界学习"来自于现实的教学需求。

一方面是语文教学的需求。从文化渊源上看,月文化源远流长。在远古时代,民间就流传着许多关于月亮的传说,如"嫦娥奔月"、"吴刚伐桂"、"玉兔捣药"等。中国民间有赏月的传统习俗,赏月赋诗唱和,更是文人雅士的交游活动之一。据有关专家考证,民间中秋赏月活动约始于魏晋时期,盛于唐宋。至唐代已出现登台观月、泛舟赏月、饮酒对月等活动。至宋代,民间中秋赏月之风更加兴盛。节日里有祭月、拜月、赏月、吃月饼之俗。据《东京梦华录》对北宋京都赏月盛况有这样的描写:"中秋夕,贵家结饰台榭,民家争占酒楼,玩月笙歌,远闻千里,嬉我连坐至晓。"

另一方面是地理教学的需求以及学生内心的需要。从月相的形态及其变化来看,圆月如盘,团团圆圆;残月如钩,残缺不全。月亮圆了又缺,缺了又圆,自然勾起人们的想象和联想。碧空如洗,圆月如盘,人们在尽情赏月之际,会情不自禁地想念远游在外、客居异乡的亲人。如"人有悲欢离合,月有阴晴圆缺,此事古难全。但愿人长久,千里共婵娟"(苏轼《水调歌头》),又如"恨君不似江楼月,南北东西。南北东西,只有相随无别离。恨君却似江楼月,暂满还亏。暂满还亏,等得团圆是几时?"(吕本中《采桑子》);"月子弯弯照九州,几家欢乐几家愁。几家夫妇同罗帐,几个飘零在外头?"(南宋民歌《月儿弯弯照九州》)等。弯弯的月牙儿的残缺形象与夫妻别离、飘散的孤苦形象交互辉映,催人泪下。

如何将两者有机整合,还原给学生一个真实的生活世界,卢湾中学的教师们经过了两个主要过程开展了跨界学习旅程,一是背景知识的学习,包含解读古诗词中的月亮意象,以及月相变化的规律及成因分析;二是设计了跨学科教学的课程;三是跨学科课程的实施与评价。见图4-2,月亮弯弯的跨界学习流程图。

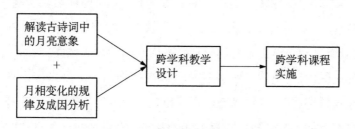

图4-2 月亮弯弯的跨界学习流程图

1. 解读古诗词中的月亮意象

展开浩如烟海的诗卷,咏月诗词俯拾皆是,更不乏名篇佳作:或描绘其绰约妩媚的姿影,或抒发相思和离别之情,或感伤身世和流离之苦,或倾诉旷达潇洒之胸襟,或寄托济世报国之壮志,或是借以抒发对宇宙、社会人生的思考。

  在中国传统文化中,月亮这一意象常常成了人类思想情感的载体,她的意蕴十分丰富。在很多咏月诗歌中,诗人将月融于内心思想情感之中,并使月与内心的思想情感互为辉映,创造了许多优美的审美意境,并将诗的文学品位、思想内涵与艺术造诣提升到一个极高的水平。

  由于作者心境不同,在不同的古诗词中,月亮这一意象表现出的意蕴也往往不尽相同,体现出其意蕴的丰富性。月亮这一意象在诗人们的心中有着多种不同的意蕴:幽美、自由、纯洁、美好、永恒、凄凉、悲惨、悲欢离合等等,无不表达。月亮的不同意蕴,形成不同的审美意境,烘托出诗人们的不同情怀。在这方面,我们应当引导学生有所积累。否则,就容易犯囫囵吞枣、生搬硬套的错误。

  (1) 以月渲染清幽气氛,烘托悠闲自在、旷达的情怀

  在恬淡闲适、乐观旷达的人眼里,月亮这一意象成了清幽雅致、悠闲自在的代名词。

  在不少古诗词中,文人墨客常常以明月来渲染清幽气氛,烘托悠闲自在、超脱旷达的情怀。

  如王维的《山居秋暝》:"空山新雨后,天气晚来秋。明月松间照,清泉石上流。竹喧归浣女,莲动下渔舟。随意春芳歇,王孙自可留。"这是一幅多么幽雅、明净而又充满情趣的画面啊!在这里,一切都显得自在安然、新鲜活泼,洋溢着诗人对自然山水的热爱和隐逸山水间的飘逸情怀。

  又如王维的《鸟鸣涧》:"人闲桂花落,夜静春山空。月出惊山鸟,时鸣春涧中。"在这首诗中,月亮以动态的形式出现,一个"惊"字打破了宁静,唤醒了一个息息相通的世界。在这夜静春山空中,一轮明月的出现,更加渲染了清幽与雅致!

  其他咏月渲染清幽气氛,烘托悠闲自在、旷达的情怀的古诗词还有很多,如"明月别枝惊鹊,清风半夜鸣蝉"(《西江月·夜行黄沙道中》);"明月未出群山高,瑞光万丈生白毫"(苏轼《和子由中秋见月》);"月出于东山之上,徘徊于

斗牛之间"(《前赤壁赋》)等。

(2) 以月寄托相思之情,抒发思乡怀人之感

在远离家乡,远离亲人者的眼里,月亮这一意象或是寄托恋人间的苦苦相思,或是蕴含对故乡和亲人朋友的无限思念。在众多的咏月古诗词中,这一类是最多的。

从月相的形态及其变化来看,圆月如盘,团团圆圆;残月如钩,残缺不全。月亮圆了又缺,缺了又圆,自然勾起人们的想象和联想。宁静的月夜里,沐浴着清幽柔和的月光,人们很容易陷入沉思,展开遐想,产生缠绵而渺远的情思。离家在外的人,仰望明月,思绪常常飞越空间,想起同在这一轮明月照耀下的故乡、亲人、朋友。

李白《静夜思》中的乡情,就是这样生发出来的:"床前明月光,疑是地上霜,举头望明月,低头思故乡。"当诗人"举头望明月"时,一缕乡思便从心头油然升起了。这样一个乡思引动的过程,不但人们很容易理解,而且不少人都亲自体验过,这就突破了诗人与读者之间因生活经验不同可能产生的感情上的隔膜,因而千百年来,这首诗深受人们的喜爱。诗中的月亮已不再是纯客观的物象,而是浸染了诗人感情的意象了。李白的诗作中,有大量都是咏月的诗歌,如:"我寄愁心与明月,随风只到夜郎西"(李白《闻王昌龄左迁龙标遥有此寄》);"孤灯不明思欲绝,卷帷望月空长叹"(李白《长相思》);"花间一壶酒,独酌无相亲。举杯邀明月,对影成三人。"(李白《月下独酌》);"月下飞天镜,云生结海楼。仍怜故乡水,万里送行舟。"(李白《渡荆门送别》)等。

其他以月寄托相思之情,抒发思乡怀人之感的古诗词还有很多,如:露从今夜白,月是故乡明"(杜甫《月夜忆舍弟》);"今夜鄜州月,闺中只独看"(杜甫《月夜》);"满月飞明镜,归心折大刀"(杜甫《八月十五夜月》);"海上生明月,天涯共此时"(张九龄《望月怀远》);"何处相思明月楼?可怜楼上月徘徊……此时相望不相闻,愿逐月华流照君"(张若虚《春江花月夜》);"今夜月明人尽望,不知秋思落谁家"(王建《十五夜望月》);"人有悲欢离合,月有阴晴圆缺,此事古难全。但愿人长久,千里共婵娟"(苏轼《水调歌头》);"明月楼高休独倚,酒入愁肠,化作相思泪"(范仲淹《苏幕遮》);"江南月,如镜复如钩。似镜不侵红粉面,似钩不挂画帘头,长是照离愁"(欧阳修《望江南》);"去年元

夜时,花市灯如昼。月上柳梢头,人约黄昏后。今年元夜时,月与灯依旧"(欧阳修《生查子》);"恨君不似江楼月,南北东西。南北东西,只有相随无别离。恨君却似江楼月,暂满还亏。暂满还亏。待得团圆是几时?"(吕本中《采桑子》);"春风又绿江南岸,明月何时照我还"(王安石《泊船瓜洲》);"月儿弯弯照九州,几家欢乐几家愁。几家夫妇同罗帐,几个飘零在外头?"(南宋民歌《月儿弯弯照九州》)等等,真是不胜枚举。

(3) 以月渲染凄清的气氛,烘托孤苦的情怀

在失意者的笔下,月亮又有了失意的象征,引发了许多失意文人的空灵情怀,寄寓了文人墨客的身世感伤和流离之苦。

在不少古诗词中,月亮这一意象也常常是诗人触景伤情的媒介。

如李白的《月下独酌》:"花间一壶酒,独酌无相亲。举杯邀明月,对影成三人。月既不解饮,影徒随我身。暂伴月将影,行乐须及春。我歌月徘徊,我舞影零乱。醒时同交欢,醉后各分散。永结无情游,相期邈云汉。"

表现上看,是写诗人在花下与月、影相伴、相舞、相酌成欢的美好情景。实则是诗人用这美好的情景来反衬自己内心的孤寂与悲苦。而这一切,皆因月起。若无此月,诗人恐怕也不会有此感伤。

又如杜甫的《旅夜书怀》:"细草微风岸,危樯独夜舟。星垂平野阔,月涌大江流。名岂文章著? 官应老病休。飘飘何所似,天地一沙鸥。"

"星垂平野阔,月涌大江流"这一句写出了一幅明星低垂,平野广阔的画卷;道出了月随波涌,大江东流的雄浑情景与浩瀚气势。通读全诗,我们会很容易发现本诗是写诗人垂暮之年漂泊的凄苦景况。而辽阔的平野,浩荡的大江,灿烂的星月正是为了反衬出诗人孤苦伶仃的形象和颠连无告的凄凉心情,以乐景抒哀情。

在不少古诗词中,月亮这一意象常常是诗人哀思的寄托,是诗人心境的写照。

如白居易的《暮江吟》:"一道残阳铺水中,半江瑟瑟半江红。可怜九月初三夜,露似珍珠月似弓。"

此诗前两句写出了一幅残阳暮日的悲壮情景;后两句则写出了一幅明星弯月的凄清景象。这两幅景象虽美,但一个"可怜"揭示了诗人真实的情感。

暮时风景固然壮阔,然已近黄昏;夜时情境纵然美丽,独无人欣赏。以美景写哀景,哀意之深实在难以言喻。月在此,早已不可与诗相分离了。

在不少古诗词中,月亮这一意象的出现,常常将诗人的内心悲苦上升到一个极高境界。

如杜甫的《咏怀古迹五首(其三)》:"画图省识春风面,环佩空归月夜魂。千载琵琶作胡语,分明怨恨曲中论。"

诗人用"环佩空归月夜魂"这一句描绘出了一幅极度悲凉的情景,令人读到此句便感伤万千,月在此,功不可没。

又如张继的《枫桥夜泊》:"月落乌啼霜满天,江枫渔火对愁眠。姑苏城外寒山寺,夜半钟声到客船。"

诗中所描绘的意象全是诗人在船舱里看到、听到、感觉到的,所有这些都触发着诗人远游的孤独、思乡的愁绪,使他不能入睡,秋深,夜静,西天的上弦月渐渐落下去了,天色变得漆黑,此情此景,使诗人越发感到凄凉难耐。

其他咏月渲染凄清的气氛,烘托孤苦的情怀的诗词还有很多:如"又闻子规啼夜月,愁空山"(李白《蜀道难》);"俱怀逸兴壮思飞,欲上青天览明月。抽刀断水水更流,举杯消愁愁更愁。"(李白《宣州谢朓楼饯别校书叔云》);"醉不成欢惨将别,别时茫茫江浸月……春江花朝秋月夜,往往取酒还独倾"(白居易《琵琶行》);"二十四桥明月夜,玉人何处教吹箫?"(杜牧《寄扬州韩绰判官》);"明月不谙离恨苦,斜光到晓穿朱户"(晏殊《蝶恋花》)等。

(4) 以月蕴涵时空的永恒

那高悬于天际的月亮,也常常引发诗人们的哲理思考:明月亘古如斯,跨越时空,而相比之下,人生是多么的短暂和渺小。在他们的诗歌中,月亮这一意象成了亘古不变的象征和世事变迁的永恒见证。

李白《把酒问月》中有:"今人不见古时月,今月曾经照古人。古人今人若流水,共看明月皆如此。"明月亘古如斯,而相比之下,人生是多么的短暂,这几句诗句将时间对生命的劫掠和生命在时间面前的无奈表现得淋漓尽致,读来意味深长,荡气回肠。

王昌龄的《出塞》:"秦时明月汉时关,万里长征人未还。但使龙城飞将在,不教胡马度阴山。"本诗开篇便用"秦时明月汉时关"勾勒出一幅极为壮阔的月夜之景,纵横历史,时空交错,物是而人非。本诗表面上看是写月夜的美景与对李广老将军的推崇之情,实际上,诗人以李广自喻,抒发了自己欲建立像李广一样的丰功伟业,但却因为小人的陷害而无所作为的无奈与悲凉之情。月在此,成了跨越时空的见证人。

张若虚《春江花月夜》中有:"江畔何人初见月?江月何年初照人?人生代代无穷已,江月年年只相似。不知江月待何人,但见长江送流水。"江月年年如此,人物代代无穷已,诗人从自然的美景中感受到一种欣慰。

苏轼《前赤壁赋》中有:"客亦知夫水与月乎?逝者如斯,而未尝往也;盈虚者如彼,而卒莫消长也。盖将自其变者而观之,则天地曾不能以一瞬;自其不变者而观之,则物与我皆无尽也。"

千百年来,诗人们对明月、新月倾注了不少感情去歌咏她!情由景生,景由情变。人心好,景色美;人心灰暗,景也灰暗。景色自在人心中!面对亘古的月亮,不同的诗人,不同的环境,各有不同的感受,都把自己独特的感受写出来,绘景寓情,便有不同的吟月诗词。

(根据相关资料编写)

2. 月相变化的规律及成因分析

(1)月相的变化规律

月相看似复杂,但其变化也是有规律可循的。月相的变化有循环周期,每 29.53 天完成一次循环变化,依序是朔、新月、眉月、上弦月、盈凸月和满月的相位,然后成为亏凸月、下弦月、残月和晦。虽然眉月较为普通与常见,但眉月和残月的位置是互换的,上弦月和下弦月有时也被称为半月。

朔

约在农历每月三十或初一,月球位于太阳和地球之间。地球上的人们正好看到月球背离太阳的面,这种月相称为"新月"或"朔"。

新月与太阳同升同落,此月相彻夜不可见,只有在日食时才可觉察它的存在。

蛾眉月

在新月之后,月球绕地球自西向东公转,从而使得月球离开了地球与太阳之间,位于太阳的东侧,月球被太阳照亮的一面朝向西边,在地球上可以看到露出一丝纤细银钩似的月球出现在西方天空,弓背朝向夕阳,此种月相成为"蛾眉月",出现时间约为农历每月初三、初四。

蛾眉月日出后月出,日落后月落,与太阳同在天空,在明亮的天空中,故看不到月相。只有当太阳落山后的一段时间才能在西方天空看到蛾眉月。

上弦月

月球绕着地球继续向东运行,在天空中逐渐远离太阳,日、地、月三者的相对位置成为直角,即月地连线与日地连线成90度,这时月亮的半个亮区对着地球,人们可以看到半个月亮,凸面向西,此时称为"上弦月",时间约为农历每月初七、初八。

上弦月约正午月出,黄昏时,它出现在正南天空,子夜从西方落入地平线之下,上半晚可见。

盈凸月

约在农历每月的十一、十二,月亮大部分的亮区对着地球,上弦月平整的一面渐渐凸起,称为"盈凸月"。

盈凸月正午后月出,黄昏时在东南部天空,黎明前从西方地平线落下,夜晚大半均可见到。

满月

当月球运行到地球的背日面时,月球的全部亮区对着地球,站在地球上的人们可以看到天空上的月球像轮子一样的圆,此时就是人们最熟悉的"满月",也称为"望",大约在农历每月的十五、十六,有时也会在十七。

满月在太阳落下后升起,子夜时位于正南天空,清晨时才从西边落下,故满月整晚都可以看见。

亏凸月

满月过后,亮区西侧又开始亏缺,约在农历每月十八、十九,月亮重新变为凸月,称为"亏凸月",与盈凸月凸起方向相反。

亏凸月于黄昏后月出,正午前月落,大半晚可见。

下弦月

月球不断绕地球运行,亏凸月凸起部分不断缩小,缩为平整状态,此时太阳、地球和月球之间的相对位置再次变为直角,月球东半边亮呈半圆形,月面朝东,称为"下弦月",约在农历每月二十二、二十三。

下弦月在子夜时升起在东方地平线上,黎明日出时高悬于南方天空,正午时从西方地平线落下,下半晚可见。

残月

再过四五天,月球又变成一个蛾眉形月牙,背弓朝向旭日,这一月相叫"残月",大约在农历每月二十五、二十六。

残月于子夜后月出,黄昏前月落,黎明前可见。当月球继续运行,再次回到日地中央时,月亮又回到了"朔",此时月球已经绕地球公转了一周。月相由朔到下一次朔所经历的时间间隔,即月相变化的周期,叫做朔望月。

顺便说一下,因地球纬度不同,在南北半球看月相的左右是颠倒的,这个其实也不难理解,如果你在北半球上,看到月球的情况就是在南半球的样子,月亮的脸它真会"偷偷地在改变"。

对于月相的变化规律,有歌谣如下,方便记忆:

初一新月不可见,只缘身陷日地中。

初七初八上弦月,半轮圆月面朝西。

满月出在十五六,地球一肩挑日月。

二十二三下弦月,月面朝东下半夜。

(2) 月相的成因分析

月球本身是不发光的,那月相又是怎么产生的呢?

众所周知,月球一方面不停绕地球公转,另一方面又在不停地自转,因为月球公转方向与自转方向一致,而且这两种运动的周期又是相等的,故月球始终用相同的一个半面正对着地球,另一个半面地球上永远看不到。而月球本身是不发光的,人们看到的月光是月球反射太阳光所形成的。根据光沿直线传播定理可得知,月球反射太阳光后会形成明亮的昼半球和黑暗的夜半球,随着月球相对于地球和太阳的位置变化,就使它被太阳照亮的一面有时对向地球,有时背向地球;有时对向地球的月亮部分大一些,有时小一些,这样就出现了不同的月相。

综上所述,月相变化的成因可归结为两个方面:月球本身不发光,靠反射太阳光而发亮,朝向太阳一面是亮的,背对太阳一面是暗的。月球绕着地球公转,太阳、地球、月亮三者之间相对位置在不断地、有规律地变化,这样就造成月球面对着地球的面积不同,即形成不同的月相。

(根据相关资料编写)

3. 月亮弯弯的跨学科教学设计及实施

案例 4-2　月亮弯弯的跨学科教学设计

月有阴晴圆缺
——诗意中的科学

(语文　地理)

陈思新

教学目标:

1. 感悟描写月亮古诗中的意象。

2. 了解诗中描写月相的地理知识。

教学设想:

把文学和地理融通在一起,打破学科的界限,激发学生的兴趣,拓展学生的思维。

教学重难点:

1. 体会描写月亮的诗,感悟诗人的情感。

2. 理解月相形成的科学原理。

无边界渗透点:月亮在古人诗词中出现的次数之多、频率之高,让其他诗歌意象望尘莫及。古代诗人对月亮有一种出于本能、超乎常人的喜爱之情。月在诗人笔下,虽然更多地赋予了丰富深邃的象征意义,被诗人高度人格化,赋予了人的思想感情,但是依然有它自然的属性。在诗人笔下,有明月、圆月、残月,有月升、月落、月亏,有玉盘、玉镜、玉环、玉钩,有望月、待月、邀月、揽月等,不一而足,这些月相的变化是怎么形成的呢?可以借此让学生探讨月球围绕地球的公转运动及月相的成因。

教学流程:

一、引出话题,体会月的意象:

李白的诗"床前明月光,疑是地上霜,举头望明月,低头思故乡。"借月光表达了对故乡的思念之情,你还知道哪些描写月亮的诗,诗人借月亮抒发怎样的感情呢?

学生列举交流。

教师归纳:

(一)古人以明月象征对故乡、亲友的思念之情。李白的"举头望明月,低头思故乡",杜甫的"露从今夜白,月是故乡明",王安石的"春风又绿江南岸,明月何时照我还",王建的"今夜月明人尽望,不知秋思落谁家"等,都是借月思乡的千古佳句。张九龄的"海上生明月,天涯共此时。情人怨遥夜,竟夕起相思"(《望月怀远》),借天涯共对的一轮明月寄托了主人公满腔的心意,使相隔两地的恋人只能对月相思,因月生情,寄情于月。李白的"我寄愁心与明月,随风直到夜郎西"更是把对朋友的一腔深情化作奇思妙想,传达对老友的诚挚关切之情,堪称借咏月抒写友情的千古绝唱。苏轼的"把酒问青天,明月几时有?""但愿人长久,千里共婵娟"(《水调歌头》)更成为借月表达对亲人思念之情的不朽之作。

(二)以月象征高洁的品质。月亮具有皎洁、纯净、冰清玉洁的特点,诗人常借此象征人的高洁品质。如李白"天清江月白,心静海鸥知",借月写人的清净淡泊的高远情怀和孤高出尘的高洁心灵。

(三)以明月营造的特定意境来衬托人物特定的心境。杜甫的"星垂平野阔,月涌大江流"(《旅夜抒怀》),借辽阔的平野,浩荡的大江,灿烂的星月,渲染了一种雄浑阔大的景象,恰恰反衬出诗人暮年被迫离开成都后孤苦伶仃的形象,颠沛流离的凄怆心情。王维"明月松间照,清泉石上流"(《山居秋暝》),向我们展示了一幅清新、明净、幽深的自然画面,体现了诗人热爱自然的喜悦之情。柳永的"今宵酒醒何处?杨柳岸晓风残月"借月的凄清衬托出友人离去后诗人痛苦的心情。

(四)以月象征对人生理想的执著追求。古代诗人大多有济苍生、安社稷、忧黎民的远大政治抱负和人生理想,如曹操的"明明之月,何时可掇?忧从中来,不可断绝"(《短歌行》),写明亮的月儿高高地挂在天上,不知何时才能摘下来,表达诗人为了统一天下执著地寻求人才而不得的求贤若渴的心理。

(五)以明月象征哲理的启迪。李煜的"春花秋月何时了?往事知多少。小楼昨夜又东风,故国不堪回首月明中"(《虞美人》),借春花秋月的无尽无休,感叹人的生命却随着每一度花谢月缺而长逝不返。夜阑人静,幽囚在小楼中的人,倚栏远望,对着那一片银光中的大地,涌起了多少故国之思、凄楚之情,不由深深叹惋人生之短暂无常。

二、创设情境,了解月相的形成

同学们,苏轼的《水调歌头》里有"明月几时有?把酒问青天……月有阴晴圆缺"的词句,看来人们很早就发现了月球有圆缺变化的情况,说说你曾经见到过的月亮是什么样的?

1. 讲解:月亮在圆缺变化过程中出现的各种形状叫做月相。
2. 你能把看到过的月相画下来吗?
3. 让几位学生把画月相的纸片贴在黑板上,全班观察分析。这些月相相同吗?有哪些不同?生活中能否见到这样的月相,为什么?
4. 说说这些月相分别是什么时候能看到的?
5. 实验释疑。

方法:用教室里的灯当作太阳,你自己当作地球,用皮球当作月球;把"月球"举在空中,使灯光照到"月球"上,观察此时月球的明亮部分是什么形状;然后使"月球"围绕"地球"公转一周,观察月球的明亮部分有什么变化?

1. 学生分组实验。
2. 汇报实验结果。

3. 讨论：

① 以上实验说明什么？

② 根据以上研究，说说月相是怎样形成的？

讲解：月球不会发光，朝着太阳的一面是明亮的，背着太阳的一面是黑暗的。月球在公转过程中，向着地球的一面有时全部是明亮的，有时明亮部分大于黑暗部分，有时明亮部分与黑暗部分各半。有时明亮部分小于黑暗部分，有时全部是黑暗的。这样，在地球上就会看到有月相变化。

【月相知识】随着月亮每天在星空中自西向东移动一大段距离，它的形状也在不断地变化着，这就是月亮位相变化，叫做月相。"人有悲欢离合，月有阴晴圆缺"，这里的圆缺就是指"月相变化"：在地球上所看到的月球被日光照亮部分的不同形象。

由于月球本身不发光，在太阳光照射下，向着太阳的半个球面是亮区，另半个球面是暗区。随着月亮相对于地球和太阳的位置变化，就使它被太阳照亮的一面有时对向地球，有时背向地球；有时对向地球的月亮部分大一些，有时小一些，这样就出现了不同的月相。

每当月球运行到太阳与地球之间，被太阳照亮的半球背对着地球时，人们在地球上就看不到月球，这一天称为"新月"，也叫"朔日"，这时是农历初一。

过了新月，月球顺着地球自转方向运行，亮区逐渐转向地球，在地球上就可看到露出一丝纤细银钩似的月球，出现在西方天空，弓背朝向夕阳，这一月相叫"蛾眉月"，这时是农历初三、四。

随后，月球在天空里逐日远离太阳，到了农历初七、八，半个亮区对着地球，人们可以看到半个月亮（凸面向西），这一月相叫"上弦月"。

当月球运行到地球的背日方向，即农历十五、十六、十七，月球的亮区全部对着地球，我们能看到一轮圆月，这一月相称为"满月"，也叫"望"。

满月过后，亮区西侧开始亏缺，到农历二十二、二十三，又能看到半个月亮（凸面向东），这一月相叫做"下弦月"。在这一期间月球日渐向太阳靠拢，半夜时分才能从东方升起。

又过四五天,月球又变成一个蛾眉形月牙,弓背朝向旭日,这一月相叫"残月"。

当月球再次运行到日地之间,月亮又回到"朔"。

月相就是这样周而复始地变化着。如果用月相变化的周期(即一次月相变化的全部过程)来计算,从新月到下一个新月,或从满月到下一个满月,就是一个"朔望月",时间间隔约29.53天,中国农历的一个月长度,就是根据"朔望月"确定的。

三、拓展应用

你知道以下诗句描写的月相吗?

月黑雁飞高,单于夜遁逃——新月

月落乌啼霜满天,江枫渔火对愁眠——上弦月

暮云收尽溢清寒,银汉无声转玉盘——满月

更深月色半人家,北斗阑干南斗斜——下弦月

今宵酒醒何处,杨柳岸、晓风残月——月末蛾眉月

月上柳梢头,人约黄昏后——满月

"可怜九月初三夜,露似真珠月似弓":月初蛾眉月,农历的初三时,月亮的形状是弓形的,属于上弦月。

(陈思新)

案例三: 走进场馆的跨界学习

案例"走进场馆的跨界学习"来源于学校有组织地引导教师走出学校,主动开展跨界学习活动。学校设计了《依托展馆资源,提升卢湾教师艺术修养和跨界能力实施简案》实施方案。活动的主要目标有:依托上海丰厚的文化艺术展馆资源,有计划地开展集"讲座、参观、探究与展示"为一体的师训活动,让教师具备高雅的审美情趣和深厚的艺术底蕴,为学校无边界课程的实

施提供源源不断的动力,涵养艺术浸润、跨界共享的课程文化。

课程实施形式为:讲座＋参观＋展示。

第一环节:讲座

专家讲座:参观前,外聘艺术家对学校教师开展和展览主题有关的培训,增强教师对艺术展览的认知。

教师讲座:参观前,教师组成学习小组,由一位教师担任主持,组织大家围绕展览主题提前自学。

第二环节:参观

参观分组:将学校教师分成3—4个小组。参观采取"集中参观"和"小组参观"相结合的形式。每学期确保开展一次教师集中参观,2—3次小组自行参观。

分组原则:教师分组时,每个小组尽量兼顾到各个学科和不同年龄段的老师,便于有效跨界交流。

参观内容:随时关注各类艺术展览信息,哪里有好展览就去哪里。可以关注上海博物馆、上海当代艺术博物馆、龙美术馆、刘海粟美术馆、喜马拉雅美术馆等公众号的展览信息预告。

此外,还可以去欣赏音乐会、舞蹈、话剧、昆曲等高雅艺术。这类活动,可以关注黄浦剧场、上海大剧院、上海音乐厅、上海国际舞蹈中心、东方艺术中心、话剧艺术中心等演出预告和公益活动预告。

第三环节:成果展示

成果展示的两种形式:

展示形式1.参观结束后,每位教师完成《探究学习计划表》,每个小组将编制一本小册子和一张海报,各组成员集中在学校里展示,交流。

展示形式2.参观结束后,开展跨学科教学,即选择3门或3门以上的学科(如历史、音乐、语文)进行融入艺术的综合教学,各门学科的任课教师经过充分沟通和交流,形成一份综合的跨学科教学方案后共同实施教学。

以下是来自于走进场馆的跨界学习的部分小结内容。

学校合理利用社会资源,将教师跨界研讨会定在当代艺术博物馆、3D打印公司等地点,拓宽教师眼界、加深教师学识,提升教师们跨界、交叉、联想、创新等思维的品质。

如 2015 年的无边界思维坊中心组、酷课·创学中心组学期总结会定在当代艺术博物馆举行。当天下午,中心组成员参观了"身体·媒体 II"艺术展。此次展览由龚彦和理查德.卡斯特里(Richard Castelli)策展,共展出来自 12 个国家的 24 位/组艺术家的 29 件/组作品。"身体·媒体 II"延续了 2007 年"身体·媒体"展览的主题,阔别十年后在技术发生了彻变的新时代语境下再次讨论新媒体与身体的密切联系,以装置、行为、摄影、影像以及更多难以界定的艺术表达方式,融入跨学科的协作模式,突破互动艺术展的边界。艺术展中《剪纸》《神经星云》《上海时间》《劳动中的人》等作品让组成员们眼前一亮。这种打破影像、信息、技术、身体等壁垒的表现形式,带来了艺术的跨界之旅。这种跨界创新的理念也与我校正在实践中的跨界融合有异曲同工之意。在接下来的研讨会中,中心组成员们交流了各自的感悟,观展让大家接触到艺术界的跨学科模式,为自己正在尝试的跨学科教学活动提供了新的思考源泉。

2016 年无边界思维坊、酷课·创学中心组总结会在 lvy. Maker 常青藤国际创客二楼 3D 打印室举行。lvy. Maker 常青藤国际创客公司的工作人员现场指导老师们尝试了 3D 打印设计。老师们在充满暖意的 3D 打印工作室中制作了属于自己的作品。研讨会上,学校还特意邀请上海市史坦默国际科学教育研究中心秘书长王雪华,在她的指导下教师们感受了一场全新的跨界学习体验。高效合作的课堂模式、有趣的分组、QQT 问答、合作式阅读、拼图式合作学习等形式让大家获得了别样的思考与启示。在接下来的"跨界思维碰撞"板块中,孙洁老师的《换一个视角看世界》给大家展示了一张竖版地图,从而让我们得到启示:小小的地图换个角度看就如此不同,那如果我们换个思路对待平时的教学工作,肯定会收到不同的效果。在研讨会上,教师们还看到了无边界课堂《枫桥夜泊》的升级版,三位老师王春燕、吴怡、叶敏围绕张继的诗句"月落乌啼霜满天"进行了自己的学科理解,整合知识,多元创新。互联网+时代下炫酷的科技手段无疑加速了课堂转型的速度,让未来的课堂充盈在大数据、数字化、智能化的包围之中。物理老师余菲带着大家感受 VR 虚拟现实技术,在她的展示中,与会老师或许能找到让学生乐学、会学、求学的答案。

1956年8月,在美国汉诺斯小镇宁静的达特茅斯学院中,约翰·麦卡锡、马文·闵斯基、克劳德·香农等科学家正聚在一起,讨论着一个天马行空的话题,他们称之为"人工智能"。当今世界,人工智能已成为继蒸汽机、电力、互联网之后,最有可能迈向世界科技创新与经济发展舞台中央的战略性、颠覆性技术。现如今,人工智能已渗透到现代生活的方方面面,正在深刻改变着人类生产生活方式。对于教育领域而言,把握前沿科技动态、将智能技术引入学校、融入课堂,培养适应现代社会、未来社会的接班人,是教育发展的必然趋势。

在今年8月25日,我校人工智能教师研修团队走入商汤科技公司,参与了为期四天的人工智能知识培训。商汤科技是国内一家致力于计算机视觉和深度学习原创技术的创新型科技公司,提供人脸识别、语音技术,文字识别,深度学习等一系列人工智能产品及解决方案,帮助各行各业的客户打造智能化业务系统。此次培训通过专家报告、论坛、讲座、实验和小组讨论等活动形式,进行人工智能相关知识的普及,包括对 Python 基础与实验、经典分类、深度学习、音频识别、视频理解、AI 竞赛介绍、聚类、文章识别、机器创作等内容的学习。通过对《人工智能(高中版)》教材与教辅材料的学习和讨论,熟悉了人工智能的思想方式和思维方式,"手脑结合"享受着创造的无穷乐趣。面对信息技术和人工智能的日新月异,教师们十分珍惜这次跨界学习的机会,纷纷表示要紧跟发展信息化的步伐,主动拥抱人工智能,进一步推动信息技术在教育教学、教育管理、教育服务过程中的应用,利用智能技术支撑人才培养模式的创新,支撑教学方法的改革,鼓励教师成为掌握人工智能技术、具有创新思维的教师,为推进学校 AI 科技的创立和发展而努力。

在今年9月,上海开展以"人工智能赋能新时代"为主题的世界人工智能大会。大会既提供人工智能在教育、健康、金融、零售、交通、智造、服务等7个领域的最新应用体验,又聚集了一批代表国际人工智能技术最前沿的中外企业在城市智脑、智能核芯、创新算法的整体性展示,从基础科研、行业解决方案到沉浸式体验和场景化展示。面对这次不可多得的跨界学习机会,我校迅速组织中心组成员,预约参观体验,以身临其境感受"人工智能赋能新时代"。

在 AI+教育星球,教师们在 AI 英语老师帮助下达到精准发音,与 AI 美术老师一起快速涂鸦,面对面请教 AI 小雅老师许多有趣的问题,以及与 AI 体育老师进行羽毛球对战……中心组老师们还接触到了智能批改、智能陪练、语音测评、智能图书馆等应用的投入运行,在大饱眼福的跨界参观后,老师们感受到了学生个性化学习即将实现的乐观前景。人工智能与教育领域的结合,必将解决教师资源相对有限的问题,缓解教育资源不均衡的现状,使人类在共同的新水平线上学习发展。

在 AI+交通星球,老师们登录无人驾驶系统,感受新时代人车协同的宏大智慧、现场直击无人机全自动机场、观看黄浦江夜空无人机的精彩表演等等,体会到在人工智能、高精度定位系统等的协同合作下,交通将变得更智能、更安全、更便捷。在 AI+健康星球,老师们与导诊机器人沟通就医需求、通过 AI 辅助问诊精确查看身体状况,想象随着图像识别、深度学习、虚拟助手、病理诊断、智能健康管理等技术的不断发展与完善,人工智能将更好地实现精准医疗,缓解医疗资源的不均衡。在 AI+金融星球,老师们走进风控区,近距离感受智能风控大脑的尖端科技、在人机 PK 中深度了解语音情绪识别。在 AI 智造星球,老师们戴上 AR/VR 眼镜,观看工厂加工组装流水线全场景。通过无人机检测户外机械设备工作状态,体验感受 8K 的超高清画面……

通过参观 7 个主题星球,老师们沉浸在人工智能与教育、交通、智造、健康等领域的创新融合,陶醉于这种未来感十足的切身体验。老师们不仅大开了眼界,更重新审视了自身的教育教学工作,思考怎样能让自己的工作不断创新,用科技智慧引领未来。

实地的观摩和体验,使得教师的专业发展得到强化和重构,教师们的视野从封闭走向开放,从单一走向丰富,从有界走向无界。教师思维的改变能改变教育的宽度,让学生学习更加的多元、交融;能改变教育的温度,让学生释放生命的灵动;能改变教育的厚度,让学校充满未来的生机。

众所周知,艺术在教育中发挥着重要作用。许多研究者认为,将艺术融入学科教学,有助于促进学生进行创造性和批判性思考,这也是 21 世纪最需要的技能。为此,美国正有越来越多的中小学通过将艺术融入具体学科的教学来增强学生兴趣、发展学生多元智力、提升学生的学业成绩。这也是美国在 STEM 基础上增加艺术课,扩展为目前重点开展的 STEAM 课程的原因所在。而要将艺术融入学科教学,教师首先要具备深厚的艺术素养。对于始终站在课改前沿的卢湾中学而言,依托上海丰富的文化艺术场馆资源,提高艺术修养和跨界能力迫在眉睫、势在必行。每一个展览,都是一个艺术家特定生活经历的心血凝结。在数以万计的细微积累和转瞬即逝中,艺术家通过对自我情感的捕捉与思考,运用其独特的思维与艺术表现,赋予作品情感力量,使其成为可以跨越时空与其他生命体交流的媒介。这个世界之大,使得单个的个体无法体验所有的世界,通过看展览,可以在短时间内去体验"另一个世界",同时丰富自己的世界和艺术修养。

案例四: 深度融合的跨界学习

案例"深度融合的跨界学习"来源于信息化发展的需要。

主要达成的目标有:通过跨界学习,实现教师跨越时空的边界,开启对微视频互动教学平台的实践研究,进而开展基于无边界学习下的交互式数据平台的实践研究,推进教师学习实现混合式交互环境下线上线下的学习互动。

主要的活动过程:卢湾中学"酷课·创学中心组"成员们尝试将平板电脑引入课堂,通过平板互动教学平台、课堂互动平台、无线多媒体教学系统、课件制作系统等设备的完善与建设,推进和实现混合式交互环境下信息技术课堂的实践,最终使课堂教学与学生学习终端完成线上学习的混合。中心组的老师们在制作每一个微视频之前,总要和中心组其余同科、异科老师一同探讨学科知识点,将知识点碎片化,力图使制作的视频内容更短小精悍,教学信息更清晰明确,教学目标更精准,再讲录制好的微视频进行共享交流。智能平板作为教学移动平台,使教与学不再受地域、时间的限制,随时、随地、随需的学习将在提高课堂教学效率、尊重学生的主体地位和个性化教学方面起到实际的促进作用。见图4-3,深度融合的跨界学习流程图。

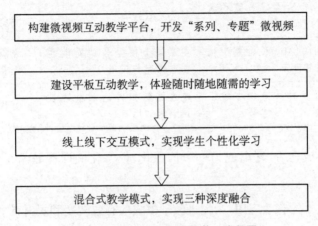

图4-3 深度融合的跨界学习流程图

1. 构建微视频互动教学平台,开发"系列、专题"微视频

在最初的试点尝试中,中心组老师们使用的是个人的云空间,将自己的微视频放入云空间,提供给学生回家学习。微视频的教学初衷是让学生在课外能发生深度的学习,但这样的操作方式显然教师无法知晓学生是否观看以及学生是否看懂。因此,实践中我们尝试与一些公司合作,构建一个基于上海市中小学课程标准的微视频课程教学平台。通过教学视频制作发布、课程导学布置、作业反馈统计测评、师生课堂教学互动等各个教学应用业务功能模块,为师生构建起一个个性化、协作式、高效率的课程学习环境。

教	学	习
教师发布学习资料(文档,视频微课,iBook电子书)到云端学习平台。	阅读,观看学习资料	自学
教师发布学习任务和题目	根据安排完成任务,回答问题	

续 表

教	学	习
教师根据学生的学习进度和反馈，分层安排教学活动	解决难点疑点	解决问题
教师利用相关App设计基于情景探究的课堂环节	在课堂上根据教师提供的支点探究与应用	逻辑思维 创新思路
在课堂上以及时反馈和小组汇报的方式，检验学习结果	通过试题和讨论汇报的过程掌握知识	协作与表达

平台建成之后，逐渐成为一个信息化、数字化的课程教学系统，支撑微视频。

互动教学的有效应用，为促进教学模式的有效转变和提升课程教学质量发挥积极的作用，充分体现出信息技术与课堂教学的有效融合。

学校为中心组的教师配备了笔记本电脑、手写板和快拍仪，打造了"微视频录播室"，教师制作完成的微视频直接上传至"卢湾中学微视频课程互动教学平台"，供同组教师和学生使用。

2014学年开始，学校在课题推进过程中启动了全员培训，学校85%以上的教师都学会了制作微视频，目前学校自制微视频课程300多个。各学科以备课组为单位，从之前单一视频的制作逐渐走向"系列、专题"微视频的开发。同时，教师们更编制了用于课后的微视频学习课程，从而真正让视频成为需求性课程。如拓展提高类视频：诸如物理竞赛社团的学生们根据个人需求可以在课后自主选择高于课堂教学的学习内容，真正满足了资优生群体的个性化需求；专题复习类视频：诸如英语组编制了写作教学和语法教学系列视频，用于初三学生课后复习；语文组研制了用于古诗文复习的系列视频；数学组以七年级教学为例，为学生制作了综合题例讲解专题复习视频。

2. 建设平板互动教学，体验随时随地随需的学习

我们引入平板电脑"走进"课堂，通过平板互动教学平台、课堂互动平台、无线多媒体教学系统、课件制作系统、数字化教学应用培训、应用教学资源、

技术基础服务支持、应用教学服务支持、教学应用平台和管理服务的完善与建设,推进和实现混合式交互环境下信息技术课堂的实践,最终使课堂教学与学生学习终端完成线上学习的混合。

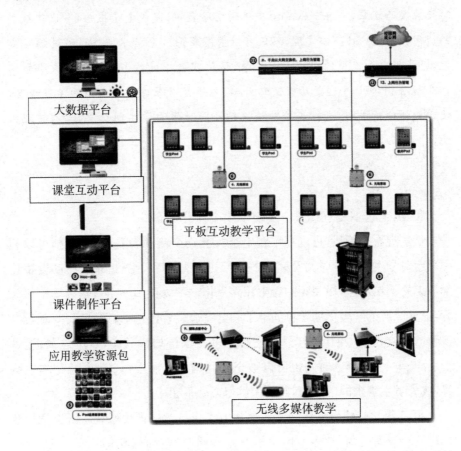

互动教学平台是一个无线网络环境下的移动教学平台,教师和学生手持iPad设备,不受空间场地的约束,极大地提高了电子化教学的授课体验和学习体验。见案例4-3,八年级物理《水的沸腾》课例。

案例4-3 八年级物理《水的沸腾》课例

在整堂课中,教师通过Airplay镜像功能投射Keynote中的课件,使教师不受讲台约束,可以在教室中随意走动。在实验准备阶段,学生利用 NB 热学实验预先模拟实验器材搭建及实验过程,使学生预先熟悉实验步骤,了解实验注意事项。在进行实验操作的过程中,学生利用 iPad 拍照录像功能实时记录实验现象,并在 Keynote 中填写实验数据,完成电子报告,多媒体报告的应用,通过 iPad 得以实现,不仅可以用图表形式分析水沸腾过程的温度变化,还能用更加直观的照片予以记录,强化实验中的细节观察。每个小组的作业利用 iTeach 平台最后提交到云端,老师可以跟踪掌握小组的学习情况,便于教师分析讲解,进行实验结论总结。同时便于学生间交流分享,整理归纳,作为日后参考。

3. 线上线下交互模式,实现学生个性化学习

学生观看视频后,可以在平台上进行互动交流和自我检测,老师可以利用平台对学生学习的时间及完成的效果进行监测和数据记录。移动设备让学习无处不在,教学微视频的诞生让碎片化学习为更多学生所热衷。午休时分,三五成群的学生借助学校的电子阅览室边观看边讨论;回到家中,观看微视频已经成为学生们的新习惯,还有更多的家长加入其中,乐不思蜀;地铁上、公交车上,零碎的时间也可以被充分利用。智能手机、iPad、笔记本电脑等,成为学生手中的"神兵利器",让学习无处不在。

2017 年学校建设大数据云平台学生作业与考试评价系统。解决学校数据化校园管理问题、学生个性化学习方案问题、教师精准化教学方案问题。在学校数据化校园管理方面,一是采用管理权限分层,即按照学科老师、班主任和中高层管理等不同权限设置管理账号,查看不同数据展示内容。二是通过大数据云平台系统,建设学校校本题库,提高教学效率,减轻教师负担,实现对学生学习过程的精准检测,提升学习教学管理水平。在学生个性化学习方案上,实现不同层级、不同难度的作业区隔,用精准数据指导实现学生个性化作业推送,让个性化学习成为可能;剖析学生每一次考试、作业,详细掌握学习弱项、考试失分点等内容,多维度创建学生个人学习档案。在教师精准化教学方案上,通过数据优化教学目标定位、海量资源辅助备课、全方位考试

分析数据统计,指导课堂试卷评讲等辅助教师精准教学。

实践之后,我们感到于学生而言,基于无边界学习下的交互式数据平台在走向学生中心,它弥补了课堂集中授课主要面向中等生的弊端,因此尤其适合学困生课后知识的再消化巩固以及资优生的学习能力再提升,对学生在课外发生深度的学习起着支撑作用。于教师而言,它要求教师从"自我"走向学生,关注学生差异化的学习,更倡导了教师从孤军奋战走向团队合作,有利于教师学习共同体的建设。见案例4-4,六年级英语无边界课《森林里的故事》课例。

案例4-4　六年级英语无边界课《森林里的故事》课例

英语无边界课《森林里的故事》,这是一节充满创意的 iPad 定格动画＋英语 dram 的无边界课。程建周老师巧用动漫定格,成就了无边界课堂的精彩。

老师讲述了《森林里的故事》的开头,让学生自主选择狐狸、猎人、魔法树等角色,加入想象和联想,创作故事的高潮和结尾,归纳故事的寓意,学生的创作能力得到极大的激发。剧本完成后,学生利用剪纸、绘画,拍摄分脚本镜头,完成定格动画的音画合成。当狂妄自大的小狮王、胆小怯懦的小兔子、神秘的魔法树……在大屏幕上演绎时,角色一下子都鲜活了起来。在英语课中融入 iPad 定格动画及戏剧元素,让学生在短剧创作和动画制作、配音的过程中,体验到了英语学习的乐趣,使原本简单枯燥的听说训练变得生动有趣。

4. 混合式教学模式,实现三种深度融合

混合式交互环境下信息技术教学模式把传统教学和数字化教学的优势结合在一起,既发挥教师引导、启发、监控教学过程的主导作用,又充分体现了学生作为学习过程主体的主动性、积极性与创造性。

深度融合方式之一：课堂教学与线上学习的混合。在基于交互式智能平板的混合式教学模式中，包括了许多方面的混合，例如：多种教学资源的混合，教师的教与学生的学的混合等等，而其中最主要的是基于交互式智能平板的课堂教学与基于学生学习终端的线上学习的混合。利用二者的混合教学，能增强教师与学生的交互，激发学习者的学习动机，调动学习者的学习积极性。

深度融合方式之二：教师、教学媒体、学生之间的互动。交互式智能平板的互动效果是课堂的一大亮点，然而如何利用它进行交互，使其有效地辅助教学，则需教师进行相应的合理教学设计。老师需要综合考虑各种教学资源的优缺点，以及与交互式智能平板的兼容性，并创设一定的教学情境，激发学生的学习兴趣，吸引学生参与，让学生主动积极地与教师交互，展示个人学习成果，参与到教学中来，从而实现"教师、教学媒体、学生"之间全方位的互动。

深度融合方式之三：学生利用学习终端在线学习。课前，教师将教学所需的内容存储在学生学习终端中，以便于学生在课前利用学习终端中的资源进行自主学习、探究学习、小组协作学习等。同时，教师要对学生予以引导，并观察学生的反应以及学习情况，及时给予指导。见案例 4-5，八年级艺术《走近京剧》课例。

案例 4-5　八年级艺术《走近京剧》课例

在授课环节中，音乐老师和美术老师采用联合授课的方式。课前，学生通过卢湾中学微视频互动教学平台，观看微视频《京剧的行当》和《京剧的谱式》，进行自学。课堂中，老师首先利用 iPad 教育软件 iTeach 平台，对自学知识进行检测，根据后台大数据的反馈进行解释和点评。

随后音乐老师和美术老师，分别通过讲、唱、演、绘等形式，教授新课，让学生体验了京剧的表演手法、京剧的角色行当、京剧脸谱的谱式等内容。课堂中，教师 SketchBookX 软件设置学生活动，让学生根据人物性格在 iPad

上画脸谱。整堂课充分反映了信息技术融入课堂的即时性、互动性和趣味性。

（根据相关资料编写）

当教育遇上新技术，课堂不再静悄悄。课堂结构发生变革，无处不在的学习场，学习游戏化已逐渐成为趋势，开启"创客"式学习新时代，于是学习充满了奇思妙想。技术的深度融合已经为学校的课堂带来了"温度"，并正在创造着一间间幸福的教室。

后记：教师跨界学习的学校样本

"千淘万漉虽辛苦，吹尽黄沙始到金。"早在2011年，卢湾中学在进行学校顶层设计时就提出了"无边界教育"的核心理念，通过坚持不懈地推动"无边界课程"的开发与建设，从而打开师生的跨界思考之门。与此同时，卢湾中学继续深入研究，以"推进教师跨界学习的实践研究"为题申报上海市教育科研项目，并获国家级重点课题。在持续的研究中，卢湾中学对"为什么要开展教师的跨界学习"、"什么是教师的跨界学习"、"教师如何进行跨界学习"等问题，做了深入的探索和实践，形成了教师跨界学习的理论认识，以及整体推进的学校样本。

1. 形成共享互补的教研文化

在自由平等的哥本哈根精神的催化下，卢湾中学跨界教师者运用集体的智慧提高应变和创新能力，实现知识与创新的相互融合，助推教师跨界生长。在实现知识共享方面，取得以下成效：一是组建"知识联盟"，促进知识流通。学校的"名师工作室"、"无边界思维坊"、"青年教师创意沙龙"、"1＋3＋N工作室"、"科学创智Home"等多个新型专业共同体互为战略伙伴、合作伙伴，共享专业价值、专业体验、专业成果。对外，组织成立跨学校、跨区域乃至跨国界的学习型组织，为教师创造共同学习、共同合作的机会。如：加入全国"8＋N"课堂教学改革联盟，与校外同行开展"同课异构"、教学大赛、专题研讨等活动。与澳大利亚、韩国、爱尔兰、中国香港等地学校签订姊妹学校协议，实现师生互访，在学习交流中实现思维的碰撞。二是构建"知识仓库"，盘活知识存量。卢湾中学积极打造学校"知识仓库"，利用校园网平台，建立教育教学资源库,汇集并分享每一位老师的教学精华。"知识仓库"系统化地组织、管理、存储和控制着大量的校本教学实践知识,盘活了学校的知识存量,实现了隐性知识的显性化,是教师跨界生长取之不尽、用之不竭的智慧宝藏。三是孵化"知识创想",鼓励知识创新。学校搭建孵化知识创新平台,开创一条"微学习——微论坛——微案例——微Show课——微变革"的教师"微创新"之路。

优良的文化离不开领导者的智慧引领与创造。卢湾中学领导何莉校长重视共创愿景的打造,赋予教师共享领导者的权力,增强教师在专业发展中的主体地位,激活"发动机"文化,培育合作创新的文化土壤,使共生与众享的跨界生长文化基因在卢湾中学得到延续、生长,以此形成百花齐放、春色满园的教研文化、校园图景。

2. 创新教师的思维方式

在学校跨界教研模式熏陶下和跨学科课程设计影响下,多学科的交流与交汇会碰撞出创造性的火花与灵感,学校老师们看待问题的视野与思考问题的空间维度,远比一般老师要新奇、开阔、多元。跨界课程"取众学科之长",跨界学习的教师们"取众人之长"。教师通过跨学科学习提升跨学科思维,意味着教师要突破原有的思维局限,融合多视角提出问题并得出解决方案,进一步优化自己的思维模式,再将这种思维模式运用到实践中去,形成一个动态的思维提升链,最终达到扩大综合思维、拓宽教学思维、拔高专业思维的学习效果。思维的提升与转化是一个长期不断的过程,也是一个潜移默化的过程,其最终指向是个体思维水平在广度、高度、深度、速度上的思维延伸。

3. 研发"无边界课程"校本教材

"无边界课程"着力为学生传递与真实生活更接近的知识内容,帮助学生形成发展无边界的思维方式和学习能力,营造无处不在的开放的学习氛围,为学生提供全方位的广泛的学习资源和学习机会的课程理念、课程形态和课程模式。无边界是针对有边界提出的概念,适当地突破"边界"可以开阔人的视野,激荡和催生新的创意。无边界课程能打破学校与社会间的壁垒,建立并拓展学科之间、学段之间、领域之间的联系,实现多层次、多角度、多领域的跨界融合,是帮助学生进行知识重组与创新的催化剂,是发展学生特长、开发学生潜能的孵化器。学校开发了40多门无边界思维的课程,进入学生课表。无边界课程的整体设计注重从动手与动脑、学习与创造、自我与社会协调的角度来完善课程学习过程,形成了"文益美文"、"理益酷理"、"文理之恋"三大学习单元,进行"五维突破":突破学科边界、突破时空边界、突破学段边界、突破围墙边界以及突破家校边界,以此为学生提供无限成长和无边界学习的广阔时空,培养学生的创造思维能力、综合融通能力和问题解决能力。

4. 提升学生创造能力和思维品质

在教师的跨界教研活动中,教师们把跨界融合思维引入课堂教学,激活学生的想象力和思维的多向拓展。让思维玩转课堂、用低结构激活高创意,实现"E"教易学,让学生们享受美好的课堂时光。在综合性多元学习体验中,弥补了传统课程强调学科知识的封闭性、逻辑性。师生们的跨界探索,让他们的思想从固有的框架下解放出来,从而进行跨界、跳跃、离散式的畅想,进而生成一些有价值的思想火花和创意,全面提升学生的创造能力和思维品质。

2016年至今,我校学生在各类大赛中表现突出,获奖总计293次。近年来,有56名学生在全国青少年信息学奥林匹克联赛中荣获一等奖;航模队先后多次代表国家征战世界航天模型锦标赛,并获得团体冠军;创新科技社团连续几届荣获上海市青少年科技创新大赛一等奖;全国头脑奥林匹克竞赛中多次获得全国第一名;DI青少年创新思维竞赛,全球总决赛第二名;全国青少年科技创新大赛第一名的赵俊华同学被评为"全国科学小院士";张宇同学被评选为"上海市明日科技之星";董佳怡制作的《迁移式海洋风力发电模型作品》荣获"第六届全国中小学劳技教育创新作品邀请赛"一等奖……。此外,在由上海市教育委员会、上海广播电视台主办的2017年首届"全能脑力王"STEAM青少年电视公开赛中,学校获得一等奖的优异成绩。

无论是教育变革的驱使还是快速变化的时代背景使然,"跨界学习"已是大势所趋。卢湾中学这些年对教师跨界学习的实践和研究,深感教师自身的"跨界生长"是二度成长新阶梯,是教师专业发展的新境界。"现在的教育时代是一个没有边界的时代,所以在未来的教育时代,谁能把教育做得边界无限,谁就占据了教育的制高点。"卢湾中学会继续走在"跨界学习"的道路上,期待有更多的同行者一同前行,共同承担起立德树人、培养学生的核心素养的教育目标,牢牢扎根教育的制高点,实现"让每个孩子都能享有公平而有质量的教育"的教育理想,为精彩的未来提供全面发展的创新型人才!

图书在版编目(CIP)数据

跨界学习：教师专业发展的新境界/何莉 张怡主编. —上海：华东师范大学出版社,2019
ISBN 978-7-5675-9145-5

Ⅰ.①跨… Ⅱ.①何…②张… Ⅲ.①中学－师资培养－研究 Ⅳ.①G635.12

中国版本图书馆 CIP 数据核字(2019)第 091295 号

跨界学习：教师专业发展的新境界

主　　编	何 莉 张 怡
策划编辑	彭呈军
审读编辑	朱小钗
责任校对	张梦雪
装帧设计	刘怡霖

出版发行	华东师范大学出版社
社　　址	上海市中山北路 3663 号 邮编 200062
网　　址	www.ecnupress.com.cn
电　　话	021-60821666 行政传真 021-62572105
客服电话	021-62865537 门市(邮购)电话 021-62869887
地　　址	上海市中山北路 3663 号华东师范大学校内先锋路口
网　　店	http://hdsdcbs.tmall.com
印 刷 者	上海展强印刷有限公司
开　　本	787×1092 16 开
印　　张	11.75
字　　数	170 千字
版　　次	2019 年 6 月第 1 版
印　　次	2020 年 6 月第 2 次
书　　号	ISBN 978-7-5675-9145-5/G·12054
定　　价	38.00 元

出版人 王 焰

(如发现本版图书有印订质量问题，请寄回本社客服中心调换或电话 021-62865537 联系)